Bernd Scholl, Hany Elgendy und Markus Nollert

Raumplanung in Deutschland –
Formeller Aufbau und zukünftige Aufgaben

Spatial Planning in Germany –
Formal Structure and future tasks

Raumplanung in Deutschland –
Formeller Aufbau und zukünftige Aufgaben

Spatial Planning in Germany –
Formal Structure and future tasks

Schriftenreihe des
Institut für Städtebau und Landesplanung
an der Universität Karlsruhe (TH)

Band 35

Raumplanung in Deutschland –
Formeller Aufbau und zukünftige Aufgaben

Spatial Planning in Germany –
Formal Structure and future tasks

von

Bernd Scholl, Hany Elgendy und Markus Nollert

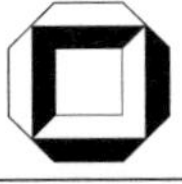

universitätsverlag karlsruhe

IMPRESSUM

HERAUSGEBER
Institut für Städtebau und Landesplanung der Universität Karlsruhe
AUTOREN
Prof. Dr. sc. techn. Bernd Scholl, Dr.-Ing. Hany Elgendy,
Dipl.-Ing. Markus Nollert
MITARBEIT
lic.rer.reg. Yose Kadrin
GESTALTUNG
Dipl.-Designerin Hilda Juez Salgado
DRUCK
Universitätsverlag Karlsruhe

IMPRINT

EDITED BY
Prof. Dr. sc. techn. Bernd Scholl,
Institut of Urban and Regional Planning, University of Karlsruhe
AUTHORS
Prof. Dr. sc. techn. Bernd Scholl, Dr.-Ing. Hany Elgendy,
Dipl.-Ing. Markus Nollert
ASSISTANT
lic.rer.reg. Yose Kadrin
DESIGN
Dipl.-Designerin Hilda Juez Salgado
PRINTED BY
Karlsruhe University Press

Universitätsverlag Karlsruhe
c/o Universitätsbibliothek
Straße am Forum 2
D-76131 Karlsruhe

www.uvka.de

Universitätsverlag Karlsruhe 2007
Print on Demand

ISSN 0176-7917
ISBN 978-3-86644-162-0

RAUMPLANUNG IN DEUTSCHLAND –
FORMELLER AUFBAU UND ZUKÜNFTIGE AUFGABEN

SPATIAL PLANNING IN GERMANY –
FORMAL STRUCTURE AND FUTURE TASKS

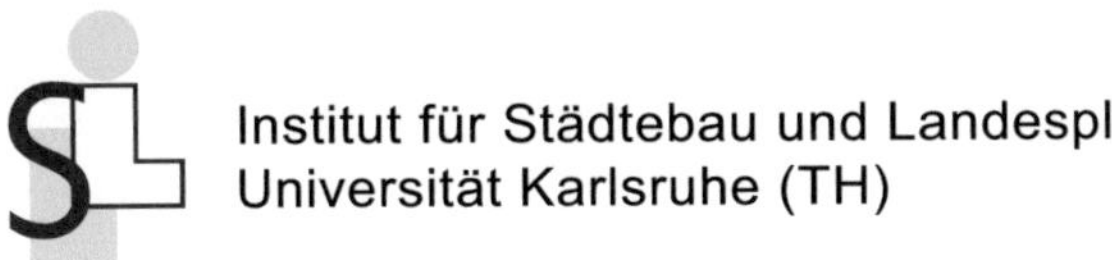

Institut für Städtebau und Landesplanung
Universität Karlsruhe (TH)

VORWORT

Anlässlich des jährlichen Kongresses der Internationalen Gesellschaft der Stadt- und Regionalplaner (IGSRP) in Genf 2004 wurden wir aufgefordert, für das internationale Handbuch zur Planungspraxis der Gesellschaft den deutschen Beitrag zu verfassen.

Wir haben dieser Bitte gerne entsprochen, entsteht doch damit nicht nur ein Anlass über den Stand der Planungspraxis und des Planungssystems in Deutschland zu berichten, sondern sich vor allem auch mit der Zukunft von Raumplanung und Raumentwicklung zu befassen. Was werden zukünftige Aufgaben und Schwerpunkte der planerischen Praxis sein? Diese Frage ist auch für die Lehre in den raumrelevanten Disziplinen von Bedeutung, weil sie den Nachwuchs befähigen soll, mit Tatkraft das anzugehen, was auf uns zukommt. Wer sich mit Kollegen und Kolleginnen aus dem In- und Ausland darüber unterhält, wird feststellen, dass die Anforderungen an die räumliche Planung in Zukunft noch weiter zunehmen werden.

Es wird prognostiziert, dass schon in zwanzig Jahren über siebzig Prozent der Menschheit in städtischen Gebieten wohnen werden. Während sich in den Wachstumsgebieten von Asien, Südamerika

08

PREFACE

During the annual conference of the International Society of City and Regional Planners (ISoCaRP) in Geneva 2004, we were requested to write the German contribution for the "International Manual of Planning Practice" of the society.

Gladly, we take this request. Not only to report about the current state of the planning practice and planning system in Germany, but mainly also to discuss the future challenges facing spatial planning and spatial development. What would actually be the tasks and main focus areas of planning practices in the future? This aspect is also important for education in the spatial relevant disciplines, as it enables the students to actively face these questions. It was evident during discussions on the above mentioned issue with colleagues from Germany as well as from other countries that the requirements on spatial planning in the future will increase.

It is predicted that in twenty years more than seventy percent of the world population will live in urban areas. While in growing areas in Asia, South America and Africa, urban areas will continue to expand with enormous dynamics and development on green-fields (urban

und Afrika städtische Räume mit großer Dynamik weiter ausdehnen und sich Außenentwicklung, also weitere Inanspruchnahme unbebauten Landes, nicht vermeiden lassen wird, wird es in den hoch entwickelten Ländern Europas darauf ankommen, der Innenentwicklung Priorität vor Außenentwicklung einzuräumen. Dies, um die nichtvermehrbare Ressource Boden nicht in dem Masse wie bisher für Siedlungsentwicklung zu verbrauchen. Demographische Entwicklungen und äußerst begrenzte finanzielle Ressourcen werden uns dazu zwingen. Die Zusammenarbeit zwischen öffentlichen und privaten Unternehmen wird unausweichlich werden. Wir sind gerade dabei, den Zeitenwechsel schemenhaft zu erkennen. Wenn wir diese Aufgabe ernst nehmen, liegt der Schwerpunkt zukünftiger Arbeiten in der Umsetzung dieser grundsätzlichen Ausrichtung der Raumentwicklung. Fragen der Bilanzierung, des Flächenmanagements, der Organisation und der kreativen Gestaltung geeigneter Planungsprozesse werden dann mit Vorstellungen und Bildern der räumlichen Entwicklung in einem größeren, meist regionalen Maßstab verbunden werden müssen.

Die Fähigkeit zu Abstraktion und zur Verdeutlichung im Konkreten, die Fähigkeit, in der oft scheinbar undurchdringbaren Wirrnis des Alltags nach Klarheit zu trachten und Lösungen zu suchen, wird eine

growth) unavoidable, the focus of European developed countries, will shift to regenerating their urban areas by following inner urban development approach. This focus on using potentials in cities as opposite to development of green-fields is essential to reduce the consumption of the non-renewable land resources for settlement development. The demographic changes and the extremely limited financial resources will force us to follow this approach. Further, public-private cooperation becomes inevitable. The outcomes of these changes are coming abstractly apparent. To, seriously, face this task, the major task in the future would lay in the operationalisation of this fundamental development direction. Consequently, the questions of monitoring, land-management, organization and creative design of appropriate planning processes should have to be connected with the conceptions and visions of spatial development on a larger scale, mostly on a regional scale.

The capability of abstraction and clarification, and especially the ability to strive for clarity and to find solutions in the often apparent impenetrably confusion of the everyday's life, becomes also a major challenge for planning education that we would like to deal with. These and other questions are discussed in the framework of representing the formal planning instruments.

IMPRESSUM

HERAUSGEBER
Institut für Städtebau und Landesplanung der Universität Karlsruhe
AUTOREN
Prof. Dr. sc. techn. Bernd Scholl, Dr.-Ing. Hany Elgendy,
Dipl.-Ing. Markus Nollert
MITARBEIT
lic.rer.reg. Yose Kadrin
GESTALTUNG
Dipl.-Designerin Hilda Juez Salgado
DRUCK
Universitätsverlag Karlsruhe

IMPRINT

EDITED BY
Prof. Dr. sc. techn. Bernd Scholl,
Institut of Urban and Regional Planning, University of Karlsruhe
AUTHORS
Prof. Dr. sc. techn. Bernd Scholl, Dr.-Ing. Hany Elgendy,
Dipl.-Ing. Markus Nollert
ASSISTANT
lic.rer.reg. Yose Kadrin
DESIGN
Dipl.-Designerin Hilda Juez Salgado
PRINTED BY
Karlsruhe University Press

Universitätsverlag Karlsruhe
c/o Universitätsbibliothek
Straße am Forum 2
D-76131 Karlsruhe

www.uvka.de

Universitätsverlag Karlsruhe 2007
Print on Demand

ISSN 0176-7917
ISBN 978-3-86644-162-0

EINFÜHRUNG

Obwohl Deutschland auf eine lange Tradition als Staat zurückblicken kann, wurde die Bundesrepublik Deutschland in ihrer heutigen Form erst 1949 (nach dem Ende des Zweiten Weltkrieges) als ein föderaler Staat mit acht Bundesländern und drei Stadtstaaten gegründet. Mit der Deutschen Wiedervereinigung 1990 kamen noch fünf weitere Bundesländer hinzu, die Staatsform blieb die der Bundesrepublik.

Geographisch liegt Deutschland in Mitteleuropa und weist eine hohe topographische Vielfalt auf. Während es im Norden an die Nord- und Ostsee grenzt, hat der südliche Rand bereits alpinen Charakter. Innerhalb Deutschlands bestimmen im Norden die weiten Ebenen, im mittleren und südwestlichen Teil die zahlreichen Mittelgebirge, sowie die Tallandschaften der großen Flüsse Rhein, Donau, Elbe, Main, Neckar und Oder die topographischen Formen.

Klimatisch liegt Deutschland in der gemäßigten Westwindzone, zwischen dem Atlantik und den kontinentalen Wetterzonen Osteuropas, welche durch jahreszeitliche Klimaperioden und häufige Wechsel der Wetterlage charakterisiert werden kann. Ebenso fällt das ganze Jahr ausreichend Niederschlag. Langanhaltende Wärme- oder

INTRODUCTION

Although Germany has a long tradition as a state, the current territory and form of government are recent. After World War II, in 1949, the present Federal Republic of Germany was founded, consisting of eight states, and three city states: Berlin, Bremen and Hamburg. After the German reunification in 1990, the five eastern states joined the Federal Republic of Germany.

Geographically, Germany is located in central Europe. It is characterised by a large topographical variety. While the northern part borders on the North and the Baltic Sea, the southern edge has alpine character. In between, the major features are the North Plain, the uplands in the centre and south-west and the valleys of the big rivers, the Rhine, the Danube, the Elbe, the Main and the Neckar.

Germany lies, climatically, within the moderately cool west wind zone between the Atlantic Ocean and the continental climate to the East. Frequent weather and climate changes are not unusual. Rain is possible in all seasons. However, persistent cold or warm periods are rare. The climate differs from one region to the other. While northwestern and coastal regions have a maritime climate that is characterized

Deutschland; topographische und politische Karte[1]
Topographical and political map of Germany[1]

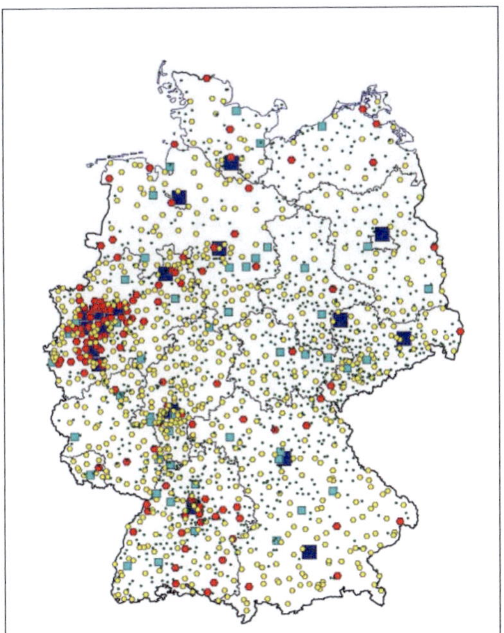

Siedlungsstruktur; „Dezentrale Konzentration"[2]

Settlement structure; 'decentralized concentration'[2]

Kälte-Perioden sind eher selten. Innerhalb Deutschlands ist das Klima regional sehr verschieden: Während im Nordwesten und an den Küsten eher mildes Meeresklima mit warmen Sommern und gemäßigten, niederschlagsreichen Wintern herrscht, macht sich im Süden der Einfluss der Alpen sowie im Osten, der Einfluss des kontinentalen Wettersystems mit kühleren Wintern bemerkbar. Der wärmste Teil Deutschland ist die Oberrheinregion mit einer durchschnittlichen Jahrestemperatur von 9–11 °C.

Deutschland ist ein stark urbanisiertes Land, nur 16% der Bevölkerung lebt in ländlichen Regionen. Der Hauptteil lebt in den Städten (54%) und in den so genannten verstädterten Regionen (30%). Diese konzentrieren sich aber nicht auf wenige große Zentren (nur 35% der Bevölkerung leben in Städten mit mehr als 100.000 Einwohnern). Daraus geht hervor, dass die räumliche Struktur von einer großen Zahl kleinerer und mittelgroßer Städte geprägt ist, ein Erbe einer Zeit, in der Deutschland noch aus sehr vielen kleinen autonomen Staaten bestand[3].

Die so genannte „Dezentrale Konzentration" ist die räumliche Strategie, die die Raumplanung in Deutschland bestimmt. Sie basiert auf dem Konzept der zentralen Orte und Entwicklungsachsen und besagt, dass sich Bevölkerung, Arbeitsstätten und Infrastrukturan-

by warm summers and mild cloudy winters, further inland, the influence of the Alps in the South and the continental climate in the East is characterized by the cold winters. The Upper Rhine Valley, the warmest part of the country, has an annual temperature average of 9–11 °C.

Germany is a highly urbanized country, with only 16% of the population living in rural areas. The rest lives either in cities (54%) or in so-called urbanized areas (30%). However, this high percentage of inhabitants living in urban areas is not concentrated in few large cities (only 35 % of the population is living in cities with more than 100,000 inhabitants). Consequently, Germany's spatial landscape is characterised by a large number of medium and small towns, a legacy from the time when Germany was consisting of many small and medium-sized autonomous states[3].

The so-called "decentralized concentration" is the spatial strategy that guides spatial planning in Germany. This strategy follows the concepts of central places and development axes. It implies that population, workplaces and infrastructure facilities are concentrated in agglomerations of different sizes that spread quite evenly over the whole country. It involves several intermediate-centres, surrounded

Stadtgröße	Anzahl
> 1.000.000 Einw.	3
500.000 – 1.000.000 Einw.	9
100.000 – 500.000 Einw.	70
50.000 – 100.000 Einw.	109

Schlüsselinformationen über Deutschland (2004)[4]

Fläche	357 031 km²
Bevölkerung	82.5 Mio. Einw.
Bevölkerungsdichte(Mittelwert)	231 EW/km²
Max.: Berlin	3800 EW/km²
Min.: Mecklenburg Vorpommern	75 EW/km²
Hauptstadt	Berlin
Staatsform	Demokratischer, Parlamentarischer, Föderaler Bundesstaat. Bestehend aus 16 Bundesländern
Bruttoinlandsprodukt (BIP)	2 178,20 Mrd. Euro (2004)
Pro Einwohner	26.400 Euro (2004)

city size	No. of cities
> 1.000.000 inh.	3
500.000 – 1.000.000 inh.	9
100.000 – 500.000 inh.	70
50.000 – 100.000 inh.	109

Basic information about Germany (2004)[4]

Area	357 031 km²
Population	82.5 Mio. inh.
Population density (average)	231km²
max.: Berlin	3800 inh/km²
min.: Mecklenburg Vorpommern	75 inh/km²
Capital	Berlin
Form of government	Democratic parliamentary federal state. Consisting of 16 states
Gross domestic product (GDP)	2 178,20 Billion Euro (2004)
per inhabitant	26.400 Euro (2004)

lagen in Agglomerationen unterschiedlicher Größe konzentrieren sollen, die aber relativ gleichmäßig über das ganze Land verteilt sind. Einige mittelgroße Zentren, die von kleineren Zentren umgeben sind, welche entlang der netzartig ausgebildeten Strassen und Schienenwegen liegen, bilden zusammen ein Netzwerk aus Städten mit unterschiedlichen Funktionen, im Gegensatz zu einem zentralen Staatsaufbau mit einem Zentrum, welches viele Einwohner, Funktionen und Aktivitäten auf sich vereint.

STAATSFORM UND POLITISCHES SYSTEM

Das deutsche Grundgesetz definiert Deutschland als einen demokratischen, sozialen Bundesstaat. Eine der wichtigsten Konsequenzen dieser Staatsform ist die Aufteilung der Staatsgewalt sowohl in funktionale/administrative Bereiche, als auch in territoriale Ebenen. Funktional (horizontal) ist die politische Macht in Legislative, Exekutive und Judikative unterteilt, welche voneinander unabhängig sind und sich gegenseitig kontrollieren. Unter anderem wurde diese Organisationsform gewählt, um einen Machtmissbrauch, wie zur Zeit des Nationalsozialismus, zu verhindern. Die territoriale (vertikale) Gewaltenteilung spiegelt sich

by smaller centres, allocated along axes of transport facilities: roads and railways to create a network of cities with different functions, contrary to a major city with an accumulation of inhabitants, activities and services.

POLITICAL SYSTEM

The German constitution (Grundgesetz, literally, "Basic Law") defines Germany as a democratic, constitutional, social and federal country. One of the main consequences of this classifying definition is the separation of powers both in functional/administrative partitions and on territorial levels. The functional (horizontal) separation means the division of the political power into legislative, executive and judiciary. These three divisions are independent of each other and mutually control one another. Among other things, this political system was chosen to secure the country from an abuse of power as it was the case during the period of National Socialism. The territorial (vertical) partitioning of power is represented in the federal character of Germany. Each of the 16 states has its constitution, its elected parliament and its state government. Each state is further divided into cities and counties.

im föderalen Aufbau Deutschlands wieder. Jeder der 16 Bundesstaaten hat eine eigene Verfassung, ein gewähltes Parlament und eine Landesregierung. Jeder Bundesstaat ist weiter in Stadt- und Landkreise unterteilt.

Die Bundesländer haben die politische und administrative Macht über nahezu alle Fragen zu entscheiden, die Angelegenheiten innerhalb ihres Territoriums betreffen, während die Bundesregierung hauptsächlich für Fragen nationaler Bedeutung, wie Außenpolitik, Verteidigung und nationale Finanzen zuständig ist. Darüber hinaus entscheidet der Bund über Teile der Infrastruktur- und Umweltpolitik. Die beiden höchsten Gerichte, der Bundesgerichtshof und das Bundesverfassungsgericht, sind ebenfalls Bundeseinrichtungen und haben unter anderem die Aufgabe, für eine einheitliche Rechtssprechung zu sorgen.

Einer der wichtigsten Grundsätze des föderalen Systems in Deutschland ist das Subsidiaritätsprinzip. Es besagt, dass jede Entscheidung auf der niedrigsten politischen Ebene getroffen werden sollte, auf der dies möglich ist. Eine höhere Ebene sollte sich nur dann einschalten, wenn die niedrigere nicht in der Lage ist, das Problem selbstständig zu lösen.

The states have the political and the administrative power to decide on nearly all issues related to the affairs within their territory and liability, while the federal government mainly administrates and decides on issues of national importance such as foreign affairs, defence and national finance. In addition, the federation has, among other things, some powers regarding parts of infrastructure and environmental matters. It also has under its authority the highest courts, namely the Federal Supreme Court and the Federal Constitutional Court to guarantee a harmonized interpretation of the law.

One of the most important principles of the federal system in Germany is the subsidiary concept which means that every decision should be made at the lowest possible political level. A higher political level should intervene only if the subject can not be dealt with or settled by the lower one.

Ähnlich wie das politische und administrative System Deutschlands, ist auch die Raumplanung hierarchisch aufgebaut und weist eine starke Verteilung der Kompetenzen auf. Auch hier stellt der Bund die höchste Ebene der Raumplanung dar, hat aber nur Rahmenkompetenzen und keine direkte Planungsbefugnis. Im Gegensatz dazu verkörpern die Kommunen die Hauptebene der Planung, da sie die meisten raumplanerischen Befugnisse besitzen. Zusätzlich zu diesen beiden Polen besitzen die Bundesländer Planungsbefugnisse für ihr Territorium; Regionen für Teile der Bundesländer. Über diesen nationalen Planungsebenen repräsentiert das Europäische Raumentwicklungskonzept (Eurek) eine von vielen Einflüssen der EU, die die nationalen Planungen zusätzlich beeinflussen.

Auch in der Planung wird das oben genannte Subsidiaritätsprinzip als wichtigster Grundsatz angewendet. Zwei weitere Prinzipien bestimmen das Deutsche Planungssystem, die "Planungshoheit der Kommunen" und das „Gegenstromprinzip". Das erste Prinzip besagt, dass die Kommunen innerhalb ihrer Grenzen das Recht und die Kompetenz besitzen, selbständig die räumliche Entwicklung voranzutreiben. Allerdings sind sie dabei an die Grundsätze und Ziele gebunden, die von höheren Ebenen vorgegeben werden

 LEGAL STRUCTURE OF SPATIAL PLANNING

Similar to the political and administrative federal system in Germany that is based on a division of competence and power on different levels, spatial planning is organised hierarchically. Although the federation represents the top of this spatial planning hierarchy, it has only framework responsibilities and no direct planning competence. On the contrary, the municipalities represent the basic planning level where the main spatial planning authority is allocated. In addition, the states have planning authorities on their territory and the regions are responsible for sub-areas of each state. Beyond these national levels, the European spatial development concept represents a guideline for national plans of the member countries.

The most important aspect in German hierarchical spatial planning system is again the above mentioned subsidiary concept. Furthermore, this planning system is governed by two basic principles, namely: "municipal planning autonomy" and "countervailing influence". The first principle means that the municipalities are autonomous and responsible for spatial planning in their territory according to the principles and guidelines defined by higher levels. This municipal autonomy is guaranteed by the federal constitution which emphasizes the

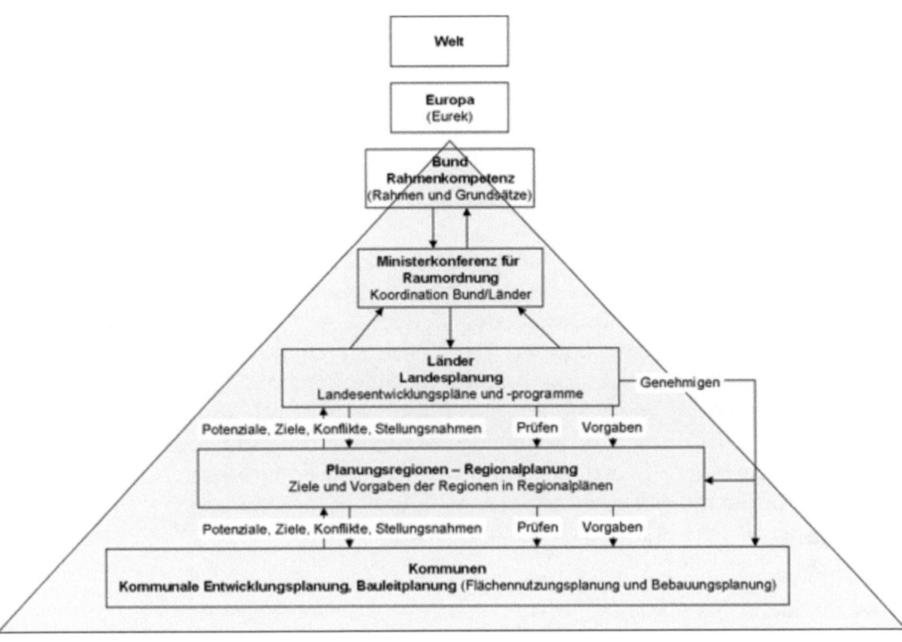

Planungssystem in Deutschland[5]

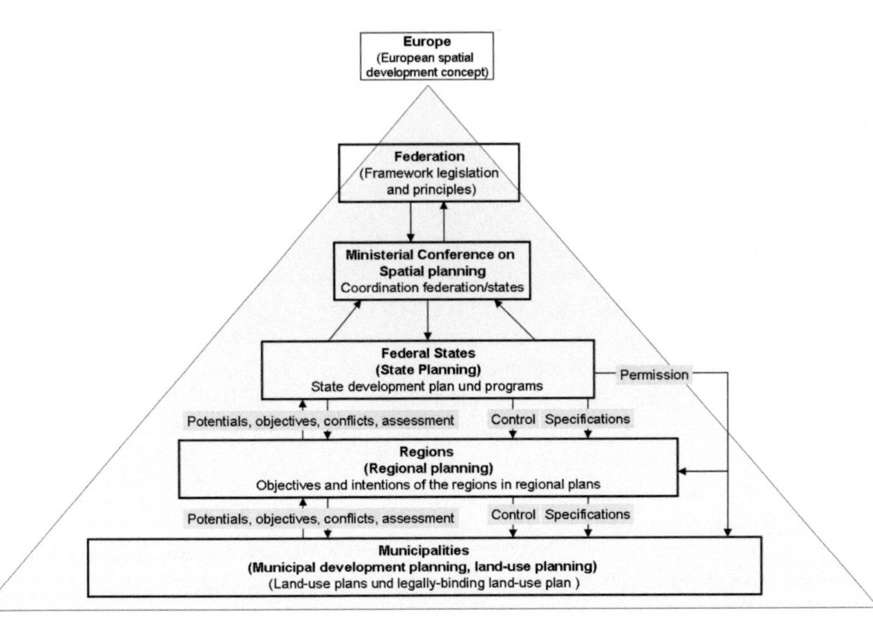

Planning System in Germany[5]

und verpflichtet, sich mit ihren Nachbarn abzustimmen. Dieses Recht auf Planungshoheit ist in der Verfassung verankert. Darauf basierend haben die Kommunen zudem das Recht auf Information, Beteiligung und Anhörung bei überörtlichen Planungsprozessen, beispielsweise bei Infrastrukturprojekten.

Das Gegenstromprinzip besagt, dass sich die Ordnung der Einzelräume in die des Gesamtraumes einfügen müssen, welche ihrerseits die Gegebenheiten und Erfordernisse der Einzelräume zu berücksichtigen hat. Dem Gegenstromprinzip folgend definiert das Raumordnungsgesetz des Bundes einen Rahmen für die Raumordnung der Länder, den diese durch Ihre Landesplanungsgesetze und Landesentwicklungspläne konkretisieren. Die Regionalplanung konkretisiert die Pläne weiter und komplettiert damit den Rahmen, innerhalb dessen sich die autonomen Gemeinden bewegen. Diese wiederum können Ihre Bedürfnisse formulieren, die die höheren Ebenen in ihrer Rahmenplanung angemessen zu berücksichtigen haben.

Jede Planungsebene, mit Ausnahme der Bundesebene, kann (und muss) räumliche Pläne erstellen – der Bund kann nur Leitvorstellungen formulieren und die Landes- und Regionalplanung unterstützen. Alle Pläne haben einen finalen Charakter, d.h. sie zeigen einen

municipal self-government. According to this right, municipalities have information, participation and hearing right during superordinate planning, e.g. infrastructure planning.

The principle of "countervailing influence" implies that individual regions should fit into the aggregate region which, on its part, should take the circumstances and requirements of the individual regions into consideration. Following this principle, the "Federal Act on Spatial Planning - ROG" represents a framework for spatial planning legislations for the states. Each state concretizes these legislations through a state spatial planning law and a state development plan. Regional planning further concretizes the plans and hence completing the frame in which the autonomous municipalities can prepare their plans. On the other hand, the municipalities can formulate their requirements that the higher planning levels should adequately consider.

Each planning level, except the federal level, can prepare spatial plans – the federation can only give guidance and support for state and regional planning level. These plans have a final character, which means they show a final desired status of the situation and how it should be at the end of their validity.

gewünschten Endzustand der dargestellten Situation, der bis zum Ende der Gültigkeit des Plans erreicht sein sollte.

Obwohl die Regionen und Kommunen im Rahmen ihrer Kompetenzen in ihren Planungen für die räumliche Entwicklung autonom sind, können sowohl der Bund als auch die Länder durch Förderprogramme und finanzielle Hilfen bestimmte gewünschte Entwicklungstendenzen und Aktivitäten steuern und unterstützen. Darüber hinaus versuchen die Bundes- und Landesebene der Raumplanung die Diskussion über räumliche Strategien durch Forschungsprogramme und Pilotprojekte anzufachen und zu unterstützen.

Das formulierte Hauptziel der deutschen Raumplanung ist, die Vorraussetzungen für eine nachhaltige Entwicklung des gesamten Bundesgebiets zu schaffen, in dem ökologische Überlegungen mit den ökonomischen und sozialen Anforderungen an den Raum in Einklang gebracht werden. Es wird einerseits darauf abgezielt, in allen Regionen Deutschlands gleichwertige Lebensbedingungen herzustellen und andererseits Entwicklungszentren zu stärken. Obwohl beide Paradigmen räumliche Entwicklungen in Deutschland leiten sollten, hat das erste die Raumplanung ebenso wie die Verteilung von Ressourcen lange Zeit dominiert. In letzter Zeit ändert sich diese Ausrichtung hin zu einer Konzentration von Ressourcen.

Although the regions and the municipalities, each in the context of its authority, are autonomous in their planning for spatial development, both the federation and the states introduce development programmes and financial support to guide and to promote specific development trends and activities. In addition, the federal level and the state level attempt to initiate and support discussion about spatial strategy through innovative programmes and pilot projects.

The supreme declared goal of spatial planning in Germany is creating the preconditions for sustainable development in the whole territory of the Federal Republic by bringing ecological considerations into line with the social and economic demands on land. Meanwhile, it aims at allowing comparable living conditions in the different regions of the country and at strengthening the centres of development. Although these two paradigms should guide any form of spatial development in Germany, the first one has dominated spatial planning and allocation of resources for a long time. Now the direction trend is moving towards the concentration of resources.

DAS PLANUNGSSYSTEM

Die folgende Übersicht zeigt die unterschiedlichen Arten der räumlichen Veränderung auf den verschiedenen Planungsebenen in Deutschland:

A|BUNDESEBENE (BUNDESRAUMORDNUNG)
Die Raumplanung auf Bundesebene ist die oberste und abstrakteste Planungsebene in Deutschland. Sie ist für die Erstellung der grundsätzlichen Richtlinien für die Raumordnung zuständig. Dieser Auftrag wird dem Bund durch das Bundesraumordnungsgesetz (ROG) zugewiesen, welches die Aufgabe definiert, ein umfassendes interdisziplinäres und interregionales Bezugssystem für die räumliche Entwicklung in ganz Deutschland zu erstellen, in dem die Ziele und Vorgaben der gesamteuropäischen Raumplanung berücksichtigt sind. Die Bundesraumordnung verfügt jedoch über kein rechtsverbindliches Planwerk und ist darauf beschränkt, Grundsätze, Ziele und Leitvorstellungen zu formulieren.

PLANNING SYSTEM

The following table shows the different types of spatial change and spatial arrangement on different levels in Germany:

A I FEDERAL LEVEL
Planning on the federal level is the highest and most abstract type of spatial planning in Germany. It is concerned with preparing the spatial guidelines for the whole federation. The Federal Act on Spatial Planning assigns the federation task of preparing a comprehensive interdisciplinary and interregional framework for spatial development in the whole country, taking into consideration the goals of the European spatial development policy. However, spatial planning on the federal level does not produce a legally binding plan. Consequently, spatial planning authorities on the federal level are limited to formulating principles, goals and visions for spatial order.

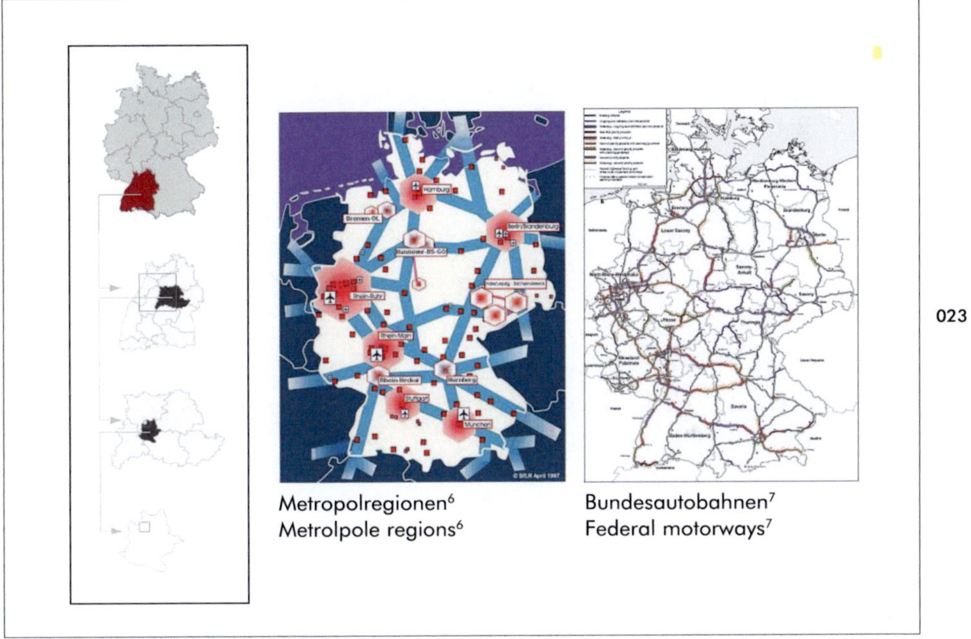

Metropolregionen[6]
Metrolpole regions[6]

Bundesautobahnen[7]
Federal motorways[7]

023

Rahmenplanung | Raumstruktur | Raumforschung | Richtlinien | kein Plan!
framework planning | spatial structure | spatial survey | guidelines | no plan!

B|LANDESEBENE (LANDESPLANUNG)

Hauptaufgabe der Raumplanung auf Landesebene ist es, Strategien für die räumliche Entwicklung auf ihrem Hoheitsgebiet zu entwickeln. Jedes Land ist verpflichtet, einen Landesentwicklungsplan zu erstellen, in dem die durch den Bund entwickelten Ziele ebenso wie die erlassenen Grundsätze der Raumordnung dargestellt und darüber hinaus eigene, detailliertere Leitlinien für die untergeordneten Ebenen formuliert sind. Hauptsächlich ist dieser Plan für die Koordination von räumlichen Aktivitäten mit landesweiter Bedeutung zuständig.

Im Rahmen der Vorgaben des Bundes wird die Landesplanung von den einzelnen Bundesländern unterschiedlich ausgestaltet. In der Ministerkonferenz für Raumordnung (MKRO) werden diese Planungen koordiniert.

B | STATE LEVEL

The main task for spatial planning on the state level is preparing strategies for spatial development on the state territory. Each state is obligated to prepare a "State Development Plan" that represents the strategy for the state spatial development. This plan should illustrate in details the federal visions and principles. It is mainly concerned with the coordination of activities that have statewide spatial significance.

In the framework of the federal guidelines, each state can develop its plan differently. A ministerial conference on spatial planning has the task of coordinating the development plans of the different states.

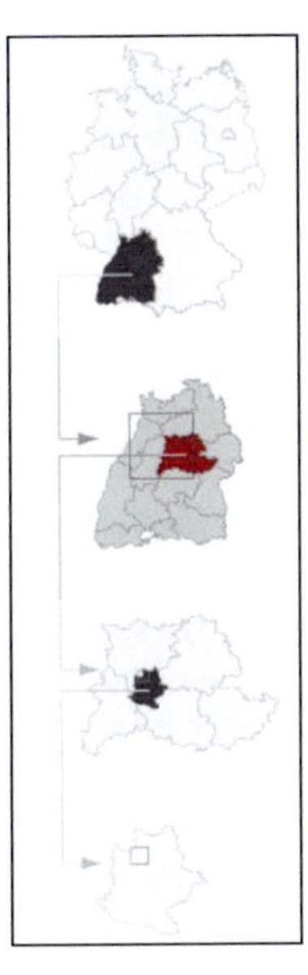

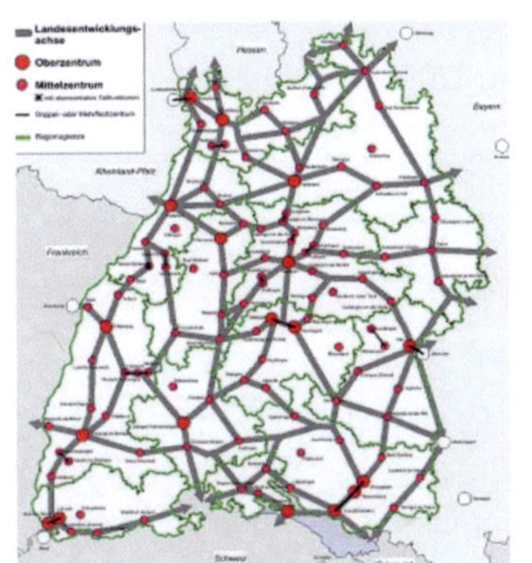

Beispiel: Baden-Württemberg
Landesentwicklungsachsen[8]

Example: Baden-Württemberg
State development axis[8]

C|REGIONALE EBENE

Die Hauptaufgabe der Regionalplanung ist die fachübergreifende und überörtliche räumliche Planung und Koordination auf regionaler Ebene. Die Regionalplanung koordiniert und konkretisiert die Vorgaben der Landesentwicklungsplanung sowie die Planungen und Wünsche der Kommunen. Neben der Erarbeitung und Festlegung von Raumordnungszielen in Raumordnungsplänen ist es auch ihre Aufgabe, zusammen mit der Landesplanung raumbedeutsame Einzelvorhaben auf ihre Übereinstimmung mit den raumordnerischen Vorgaben in einem Verfahren der Raum- und Umweltverträglichkeit zu überprüfen.

Die Regionalplanung wird durch Landesgesetze geregelt und variiert daher in Ihrer Ausgestaltung. Beispielsweise wurde diese Planungsebene in den Stadtstaaten (Berlin, Bremen, Hamburg) komplett weggelassen, in kleineren Bundesländern werden Regionalpläne von der Landesplanung erstellt.

In den meisten Ländern bilden Vertreter der Kommunen die so genannten Regionalverbände und wirken somit auch direkt an der Erstellung der Regionalpläne mit.

C | REGIONAL LEVEL

The main function of regional planning is the interdisciplinary and supra-local coordination of urban development considering the binding goals and principles of the state plan. In addition, it is responsible for defining and allocating functions and infrastructures that have regional significance. It is also concerned with fulfilling the needs of the different municipalities in the region. Besides assessing the aims of spatial development and formulating them in spatial plans, it is the task of the regional planning together with the state planning to assess whether the individual spatial activities are fulfilling the goals and criteria of spatial development through a process of spatial and environmental impact assessment.

In Germany, regional planning is regulated by the state's law. Hence, it varies from one state to another. The three city-states (Berlin, Bremen, Hamburg) have waived completely this planning level. In some small states, regional planning is a state task.

In most states, the municipalities form the regional planning associations. Hence, they are participating directly in formulating the regional plans.

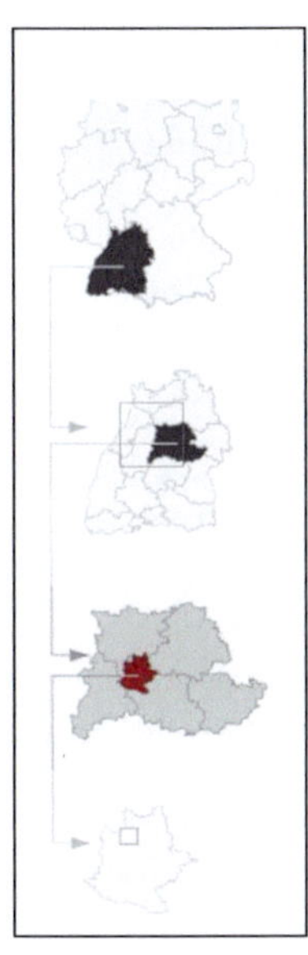

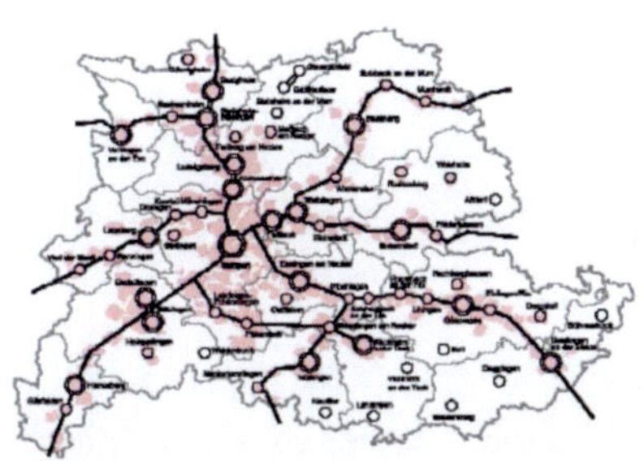

Beispiel: Stuttgart, regionale Entwicklungsachsen[9]

Example: Stuttgart, regional development axis[9]

D|KOMMUNALE EBENE

Um das Ziel einer nachhaltigen Siedlungsentwicklung und einer sozial gerechten Bodennutzung zum Allgemeinwohl der Gesellschaft zu erreichen, haben die Kommunen die gesetzlich geregelte Verpflichtung, die Nutzung der Fläche für Entwicklung und andere Vorhaben zu steuern und zu kontrollieren. Jede Gemeinde ist dabei für die Planung der Bodennutzung auf ihrem Hoheitsgebiet verantwortlich. Diese sogenannte Bauleitplanung muss, sobald es die Situation erfordert und in dem für die Siedlungsentwicklung erforderlichen Umfang, in Übereinstimmung mit den von den höheren Ebenen vorgegebenen Rahmenbedingungen durchgeführt werden.

Die Bauleitplanung auf der kommunalen Ebene besteht aus zwei Stufen:

- Die erste Stufe beinhaltet den sogenannten Flächennutzungsplan oder vorbereitenden Bauleitplan. Dieser Plan definiert die Art der baulichen Nutzung für das gesamte Gemeindegebiet und ist nur für Behörden verbindlich.
- Die zweite Stufe beinhaltet den sog. Bebauungsplan, welcher rechts- und allgemeinverbindlich ist. Er definiert die Art und das Maß baulicher Nutzung für eine Teilfläche der Gemeinde und gilt parzellenscharf – d.h., für jedes enthaltene Grundstück.

D | MUNICIPAL LEVEL

Aiming at safeguarding a sustainable urban development and a socially equitable utilisation of land for the general welfare of the community, the main task for municipalities regarding urban land-use planning, as defined by law, is to prepare and control the use of land for development or for other purposes on the municipal territory. Each municipality is responsible for preparing land-use plans - as soon as needed and to the extent that is required for urban development - in accordance with the regional development policy.

Urban land-use planning on the municipal level is based on a two-tier system:

- The first implies the preparatory land use plan. According to the intended urban development, this plan defines the type of land use for the whole area of the municipality. This plan is only binding for public authorities.
- The second level implies the development plan which represents the legally-binding land-use plan, also binding for the public. It defines the detailed type and utilization for individual land parcels or parts of the municipality.

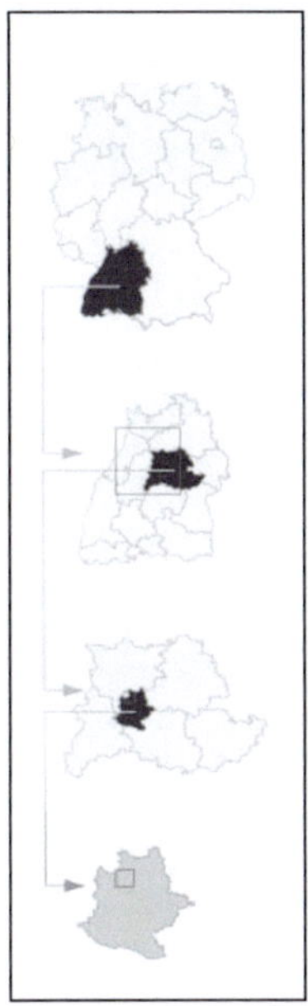

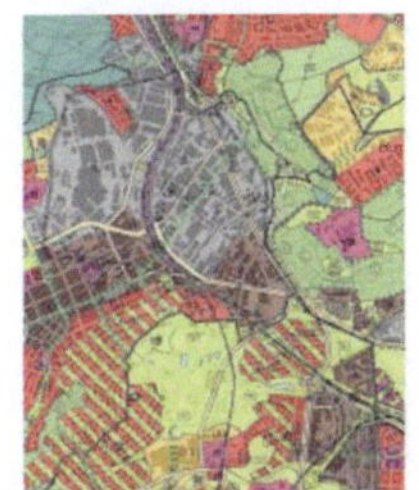

Beispiel: Stuttgart, Flächennutzungsplan[10]
Example: Stuttgart, Land-Use Plan[10]

Beispiel: Stuttgart, Bebauungsplan[11]
Example: Stuttgart, Legally-binding

land-use plan (zones or parcels)[11]

Wer trifft Regelungen?		Welche Art von Regelungen?	
Ebene	Beschreibung	Name	Beschreibung
Bund	Ministerium verantwortlich für Entwicklung und / oder Umwelt Parlament	Bundesraumordnungsgesetz Baugesetzbuch Baunutzungsverordnung Planzeichenverordnung Weitere Verordnungen und Satzungen Förderprogramme	Leitsätze der räumlichen Organisation des Landes unter Berücksichtigung der Europäischen Raumordnungspolitik Aufstellen der Rahmenbedingungen für die Planung der Bundesländer Gesetzliche Bestimmungen für die örtliche Planung: Art von Plänen; Umfang der Inhalte, Verfahren, Bürgerbeteiligung
Länder	Ministerien (sehr unterschiedlich) Landesparlament	Landesplanungsgesetz Landesbauordnung Landesentwicklungsprogramm Genehmigung von Regionalplänen Genehmigung von Flächennutzungsplänen	Gesetze zur Landes- und Regionalplanung Allgemeine Richtlinien für die Regionalplanung und die örtliche Planung Landesentwicklungsprogramme Landesentwicklungspläne
Regionen	Regionalverbände	Regionalpläne Regionale Landschaftspläne	Ziele und Grundsätze der regionalen Entwicklung
Gemeinden	Gemeinde, Gemeinderat	Flächennutzungspläne (1:10,000)	Für das gesamte Gemeindegebiet erstellt, legt die Grundzüge der zukünftigen Siedlungsentwicklung fest Verbindliche nur für die Behörden, die bei der Erstellung beteiligt waren
	Bauordnungsamt	Bebauungspläne (1:5,000 1:1,000)	Rechtsverbindliche Festsetzung für die städtebauliche Ordnung, der alle Gebäude entsprechen müssen; Art und Maß baulicher Nutzung, öffentliche und private Räume, Baumassen, etc.

Who makes arrangements?		What type of arrangement?	
Level	Description	Name	Description
Federation	Ministry responsible for development and / or environment Parliament	Federal Act on Spatial Planning Federal Town Planning Act Land use Ordinances Map sign Ordinances Further ordinances and by-laws Development and upgrading programs	Principles of the country's spatial organization taking account of European Union spatial policy Setting the framework for the States planning Legal regulations affecting municipal planning: types of plans; range of potential contents; procedures and public participation
States	Ministries State Parliament	State Planning Act State Building Code State Development Program Approval of regional plans Approval of preparatory land use plans Development and upgrading programs	Laws for State and regional planning General guidelines for regional and local planning State development programs State developments plans
Regions	Regional associations	Regional plans. Regional landscape plans	Goals and principles for regional development
Municipa-lities	Municipality, Council Development control office	Preparatory land use plans (1:10,000)	Covers the entire area of the municipality, setting the main lines for the future urban development. Obligations only for public authorities that were involved in its preparation
		Legally-binding land-use plan (1:5,000 1:1,000)	Local statute to which all building and development must conform. Regulations: intensity and kind of land use, public and private spaces, building masses, etc.

WER GENEHMIGT RÄUMLICHE VERÄNDERUNGEN?

In Deutschland gibt es keine zentrale Planungsbefugnis auf Bundesebene. Die Befugnis zur Genehmigung ist auf drei verschiedene Ebenen der Länder verteilt: Die oberste Landesplanungsbehörde, die höhere Verwaltungsbehörde und die untere Verwaltungsbehörde. Welches Ministerium oder welche öffentliche Behörde diese drei Rollen übernimmt, ist von den Landesplanungsgesetzen geregelt und daher verschieden.

Behörde	Beschreibung	Verantwortlich für
Oberste Landesplanungsbehörde	Diese Behörde ist in einem der Landesministerien beheimatet. In welchem, ist von Land zu Land verschieden. Selbst innerhalb eines Landes kann sich der Sitz der Behörde von Zeit zu Zeit je nach der politischen Ausrichtung der Landesregierung verschieben	Genehmigung von Regionalplänen
Höhere Verwaltungsbehörde	Jedes Land ist in so genannte Regierungsbezirke unterteilt, die als Zwischenebene zwischen den Landesministerien und den Kommunen fungieren. Die dazugehörige Behörde ist das sogenannte Regierungspräsidium, das in diesen Bezirken viele Aufgaben der Landesregierung übernimmt und ausführt	Genehmigung von Flächennutzungsplänen der Gemeinden Genehmigung von Bebauungsplänen, die nicht auf einem Flächennutzungsplan basieren Hinweis: Die Behörde kann einen Flächennutzungsplan nur dann zurückweisen, wenn er nicht nach den formellen Regeln erstellt worden ist oder den Zielen und Gesetzen der übergeordneten Planungsebenen widerspricht
Untere Verwaltungsbehörde	Gemeinderat/kommunales Bauamt	Ausarbeitung und Genehmigung von Bebauungsplänen, die auf dem Flächennutzungsplan basieren Erteilung von Baugenehmigungen

WHO GIVES CONSENT TO CHANGES?

In Germany, there is no central planning authority on the federal level. Consent authority is distributed on three different levels of the states: supreme state planning authority, the higher planning authority and lower planning authority. Defining which ministry or public agency should take over each of these three roles changes according to the state spatial planning law.

Authority	Description	Responsibility
Supreme State planning authority	This authority is usually assigned to one of the state ministries. However, in each state, this authority is assigned to a different ministry. Even in the same state, the ministry taking over this authority differs from time to time according to the policy of the state government.	Approving regional plans
Higher planning authority	Each State is divided into several administrative districts that represent a middle tire between state ministries and the municipal authorities. This authority is normally called the district government (Regierungspräsidium). It takes over specific tasks from the state government.	Approving preparatory land-use plans of the municipalities Approving legally binding land-use plans that are not based on a preparatory land-use plan This authority can refuse a land-use plan only if it is not prepared according to the formal rules or if it is not conforming to the spatial development goals or principles
Lower planning authority	Municipality council	The municipalities are responsible for adopting their legally binding land use plans as far as they are based on a preparatory land-use plan. The municipalities are also responsible for giving building permissions

Das Deutsche Raumplanungsrecht definiert drei Gruppen, die nach dem Gegenstromprinzip über laufende Planungen informiert werden müssen, als auch die Möglichkeit zu Mitwirkung und Einspruch haben sollten: Öffentliche Behörden und Träger öffentlicher Belange (TÖB), Gesetzgebende Körperschaften und die Öffentlichkeit. Träger öffentlicher Belange können dabei sowohl übergeordnete und untergeordnete Behörden und Stellen, als auch Behörden anderer Fachrichtungen auf der selben Hierarchieebene sein. Zur Vereinfachung des Sachverhalts sind die Möglichkeiten des Einspruchs hier nur für das Beispiel der Aufstellung eines Flächennutzungsplans beschrieben. Gleiches gilt aber auch für andere Planungen.

A|ÖFFENTLICHE BEHÖRDEN UND TRÄGER ÖFFENTLICHER BELANGE: Kommunen sind verpflichtet, öffentliche Behörden und Träger öffentlicher Belange – eben die Körperschaften, die nach dem Gesetz der Gemeindesatzung eine Funktion von öffentlichem Interesse innehaben – so früh wie möglich in einen Planungsprozess zu integrieren, um ihnen die Möglichkeiten zu geben, zu dem für ihre Belange und Zuständigkeiten relevanten Teil Stellung zu nehmen. Sie haben diese Kommentare innerhalb eines Monats an die betroffene Gemeinde zu

TEIL 2

034

WHO CAN OBJECT TO CHANGE?

The German spatial planning legalisation defines three groups, according to the "countervailing influence" principle, which should be informed and should get the opportunity to participate in and object to the process of land use planning: public agencies and public bodies, the legislative bodies and the public. In this context, public agencies and public bodies are agencies on higher and lower planning levels, as well as authorities of other disciplines on the same level. In order to illustrate this concept, possibilities of objection in the land use planning process are described hereafter. The same concept applies to the other types of planning.

A I PUBLIC AGENCIES AND PUBLIC BODIES: The municipalities are obligated to invite public agencies and public bodies – those bodies that have a function of public interest by either a law or a by-law – as early as possible to give their comments on the intended plan as far as the plan may influence their task area. These public agencies and bodies have to submit their comments – restricted to their jurisdiction – within one month to the municipality. They have also to give information about matters and activities (planned or in realisation) that might influence the plan. Furthermore, these public agencies and bodies can inform the municipality about negative impacts of implementing the plan according

übermitteln, ebenso müssen sie über geplante oder im Bau befindliche Aktivitäten Auskunft geben, die die Planungen beeinflussen könnten. Darüber hinaus können sie, nach Ihrem Kenntnisstand, die betroffene Gemeinde über negative Auswirkungen einer Planung informieren, auch wenn der Plan bereits in Kraft getreten ist.

Im Allgemeinen können Gemeinden am Prozess der Aufstellung eines Flächennutzungsplanes in benachbarten Gemeinden teilnehmen, indem sie zu Themen, die für sie relevant sind Stellung nehmen oder/ und Einspruch erheben können. Die Regionalplanungsverbände haben als nächsthöhere Planungsebene zusätzlich den Auftrag, die Flächennutzungsplanung von benachbarten Gemeinden zu koordinieren.

B | GESETZGEBENDE KÖRPERSCHAFTEN: Der Entwurf eines Bauleitplans muss in den politischen Gremien der Gemeinde diskutiert werden. In größeren Gemeinden müssen die Planungen auch mit den Stadtteilen und ihren Verwaltungen abgestimmt werden. Als Ergebnis des Abstimmungsprozesses muss der Entwurf von der Gemeinde genehmigt und die Öffentlichkeit darüber informiert werden.

to their information even after the plan comes into effect.

Generally, municipalities can participate in and object to the process of preparing the land-use plan in a neighbouring municipality through giving an opinion or objecting to subjects that are relevant to their territory. In addition, the regional associations are responsible for coordinating the land-use plans of neighbouring municipalities.

BI LEGISLATIVE BODIES: The early draft of the land-use plan should be discussed in the political committees of the municipality. In large municipalities, city districts or local administrations are also consulted about the planning. As a result of this consulting process, the draft of the plan must be approved by the corresponding municipality and the public should be informed about this plan.

C|ÖFFENTLICHKEIT: Nach dem Gesetz hat jede Gemeinde die Öffentlichkeit so früh wie möglich über folgende Inhalte zu informieren:
* Grundsätzliche Ziele und Zwecke der Planung
* Verschiedene Alternativlösungen, die bei der Entwicklung betrachtet wurden
* Mögliche Auswirkungen der im Plan enthaltenen Maßnahmen

Die Öffentlichkeit muss die Möglichkeit haben, eine Planung in angemessener Form zu kommentieren und zu diskutieren. Im Raumordnungsgesetz des Bundes ist deshalb die formelle öffentliche Beteiligung in Details festgelegt. Die Entwürfe der Bauleitpläne müssen einen Monat lang öffentlich ausgelegt werden. Ort und Zeit der Auslegung müssen mindestens eine Woche vorher bekannt gegeben werden. Grundsätzlich kann jede Person während dieser Zeit Anregungen und Einsprüche erheben, auch wenn sie nicht direkt wirtschaftlich oder politisch vom Planungsprozess beeinflusst ist.

In einer anderen Form der öffentlichen Beteiligung, der sogenannten „frühzeitigen Bürgerbeteiligung", wird die Öffentlichkeit in einer frühen Phase über die Planungen informiert, um ihr die Möglichkeit zur Mitwirkung an der städtischen Entwicklung zu geben. Diese Art

C I THE PUBLIC: Municipalities are obligated by law to inform the public as early as possible about:

* General aims and purposes of the planning,
* Different alternative solutions that have been considered for the development
* Expected impacts of the measures that are included in the plan.

The public should get a suitable opportunity to discuss and comment on the plan. The Federal Act on spatial planning defines this formal public participation in detail. The drafts of the plans should be available for public inspection for one month. The place and time of the plan presentation should be made public at least one week earlier. Generally, every person can take part in the public participation without considering if (s)he is directly influenced politically or economically by the planning process.

Another type of public participation – the so-called "early public participation" - includes informing the public at an early phase of the planning to allow the public to contribute to planning their community. The law does not describe this type of participation in details.

von Beteiligung ist im Gesetz nicht detailliert beschrieben und für die Gemeinde nicht bindend.

Darüber hinaus hat die Öffentlichkeit (seit 1956 in Baden-Württemberg und seit 1998 in der gesamten Bundesrepublik, außer Berlin) die Möglichkeit, einen sogenannten „Bürgerentscheid" zu fordern. Dieser kann zu einem bestimmten Thema oder auch zur Ablehnung einer Entscheidung der Gemeindeverwaltung abgehalten werden. Um einen Bürgerentscheid von Seiten der Öffentlichkeit zu erzwingen, muss in dem sogenannten „Bürgerbegehren" eine bestimmte Anzahl von Unterschriften (abhängig von der Gemeindegröße) gesammelt werden. Andererseits kann auch die Gemeindeverwaltung die Bürger zum Entscheid über ein bestimmtes Thema von kommunaler Bedeutung aufrufen.

Furthermore, since 1956 in Baden-Wurttemberg and since 1998 in all German states, except for Berlin, there is a possibility for the public to apply for a public ballot vote on a specific issue or to object to a decision of the municipal administration by collecting a specific number of signatures according to the size of the municipality. There is also a top-bottom model where the municipality administration can call the people to vote on a public decision on a specific subject of municipal interest.

Seit dem 2. Weltkrieg hat sich die Raumplanung in Deutschland hauptsächlich dem Wachstum der Städte und Gemeinden gewidmet und das unter günstigen politischen, ökonomischen und demographischen Bedingungen. Planungssystem, Ausbildung und Praxis waren darauf ausgerichtet, diesen Trend weiterzuverfolgen.

Die einschneidenden politischen, ökonomischen und demographischen Veränderungen der letzten zwei Jahrzehnte haben die Raumplanung stark beeinflusst. Angesichts der neuen Rahmenbedingungen steht die Raumplanung neuen Herausforderungen und Aufgaben gegenüber. Ein kurzer Überblick dieser Umstände und ihrer Auswirkungen auf die Raumplanung wird im Folgenden vorgestellt, ebenso wie die Konsequenzen für die Raumplanung, die durch einige Beispiele verdeutlicht werden sollen.

A| VERÄNDERTE UMSTÄNDE
1.DEMOGRAPHISCHE UND SOZIALE VERÄNDERUNGEN: Seit dem Zweiten Weltkrieg hat Deutschland ein andauerndes Bevölkerungswachstum zu verzeichnen: ein Ergebnis höherer Lebenserwartung, Einwanderung ausländischer Arbeitskräfte – die von der Industrie

EVALUATION

Since World War II, spatial planning in Germany has been mainly devoted to growth under convenient political, economic and demographic conditions. Hence, planning system, education and practice were mainly organised to serve this purpose or trend. However, over the past two decades drastic political, economic and demographic changes have affected spatial planning.

Facing new circumstances, spatial planning has to deal with new challenges and tasks. A short review of some of these circumstances and their impacts on spatial planning in Germany is introduced hereafter. Then, the consequences for spatial planning will also be introduced, supported by some examples.

A| CHANGING CIRCUMSTANCES
1. DEMOGRAPHIC AND SOCIAL CHANGES: Germany witnesses since World War II a continuous demographic growth as a result of a rising life expectancy, immigration of foreign labour - that was needed for industry - and the comeback of displaced Germans.

benötigt wurden – und die Rückkehr deutscher Aussiedler aus dem Ausland.

Zu Beginn des 21. Jahrhunderts ist Deutschland mit einem prognostizierten Bevölkerungsrückgang in naher Zukunft konfrontiert, der vor allem durch die seit langem niedrige Geburtenrate von 1,3 Kindern pro gebärfähiger Frau (2005) verursacht wird. Schon jetzt ist eine negative demographische Entwicklung aufgrund starker Abwanderung in den östlichen Bundesländern und in den alten Industrieregionen, wie zum Beispiel in Nordrhein-Westfalen, zu beobachten. Im Gegensatz dazu wachsen attraktivere Regionen mit besseren Lebens- und Arbeitsbedingungen durch Zuwanderung weiter.

Darüber hinaus steht Deutschland schwerwiegenden gesellschaftlichen Veränderungen gegenüber, wie zum Beispiel die sinkende durchschnittliche Haushaltsgröße und die steigende Zahl an Single-Haushalten. In großen Städten lebt jeder vierte Einwohner mittlerweile alleine; im ländlichen Raum und in kleineren Städten jeder siebte. Ca. 2.4 Millionen Menschen, meistens Frauen, leben allein mit ihren Kindern (2005).[13]

By the beginning of the 21st century, Germany is facing the point where a general population decline is estimated in the near future because of the decline of the fertility rate, which started a long time ago, to 1.3 children per woman (2005). Currently, negative demographic development is apparent in the eastern states and old industrial regions such as North-Rhine Westphalia because of an intensive out-migration. On the contrary, other regions, where job opportunities are still attracting more migrants, are not facing such negative developments.

Furthermore, Germany is facing severe social changes such as the decreasing average household size and the increasing number of single-households. Every fourth inhabitant of a large city lives alone; in the countryside and in small towns the figure stands at every seventh person. Around 2.4 million people, mainly women, live alone with their children (2005).[13]

Die Kombination aus weniger Geburten, längerer Lebenserwartung und ständig sinkender Haushaltsgröße wird zu einem Wandel der geselschaftlichen Verhältnisse mit bedeutenden Auswirkungen auf die räumliche Entwicklung und die sozialen Sicherungssysteme. Schon heute befinden sich die sozialen Sicherungssysteme, wie die Rente oder die Krankenversicherung, in einer prekären Lage, nicht zuletzt auch aufgrund der wirtschaftlichen Krise, in der sich Deutschland seit Jahren befindet.

2. WIRTSCHAFTLICHE VERÄNDERUNGEN: Obwohl die deutsche Wirtschaft die drittgrößte und eine der fortschrittlichsten der Welt ist, wurde sie in den letzten Jahren mit verschiedenen Herausforderungen konfrontiert: die Globalisierung der Arbeitsmärkte, die Kosten der Deutschen Wiedervereinigung, die steigende Zahl an Unternehmensinsolvenzen und die damit verbundenen sinkenden Steuereinnahmen sind nur einige Beispiele. Seit 2005 befindet sich die Zahl der Arbeitslosen mit über 10% auf einem Rekord-Stand, die höchste Arbeitslosenquote seit dem 1. Weltkrieg. Diese Entwicklungen haben die Bundesländer in unterschiedlicher Intensität getroffen. Besonders hoch ist die Arbeitslosigkeit in den östlichen Bundesländern, wo sie Werte bis 25% erreicht.

 The combination of fewer births, longer life expectancy and the ever-decreasing household size will lead to a change of social circumtances, which has considerable consequence for spatial development and social care systems. At this stage, social care systems such as pensions and health insurance are approaching a breakdown. This is also because of the economic crises that have been burdening Germany for years.

2. ECONOMIC CHANGES: Although Germany's economy is the world's third-biggest and one of the   most advanced, it has been facing different challenges over the last few years: globalisation of labour market, the costs of the German reunification, increasing rate of enterprise insolvency and hence declining tax income, to name just a few examples. As of 2005, unemployment is at record level, over 10% of the work-force, the country's worst unemployment rate since the World War I era. However, this unemployment has affected the different states in different intensity. Unemployment is especially high in the eastern states, where it reached up to 25%.

Fehlende Einnahmen und steigende Ausgaben zur Finanzierung der steigenden Zahl von Arbeitslosen sowie für diverse Wirtschaftsentwicklungsprogramme, haben den Staatshaushalt Deutschlands stark belastet. Der Bund musste seine Ausgaben radikal reduzieren, was einige Entwicklungs- und Infrastrukturprogramme stark verzögert hat. Dieser Umstand führte zu einem Überdenken des so genannten „Gießkannenprinzips", das zur Herstellung gleichwertiger Lebensbedingungen in allen Landesteilen angewandt wurde und 2004 zur Empfehlung einer Kommission führte, die strukturelle Entwicklung und den Subventionsfluss künftig zu konzentrieren.

Zusammen mit der negativen demographischen Entwicklung in vielen Regionen Deutschlands, hat die wirtschaftliche Krise den Wettbewerb um Einwohner auf der kommunalen Ebene verstärkt. Die Annahme, dass die Ausweisung neuer Siedlungsgebiete am Rand von Ortschaften und Städte neue Investitionen und Einwohner anziehen und damit die Steuereinnahmen erhöhen würde, ist immer noch weit verbreitet, obwohl verschiedene Studien deutlich die oft negativen finanziellen Auswirkungen zeigen.

Falling revenues and rising expenditures for financing the growing number of the unemployed and business development programmes have been putting a strain on Germany's budget. The federation has to reduce its expenditure radically and to rethink the so-called "watering pot" principle (Gießkannenprinzip - principle of indiscriminate all-round distribution) that is still practised and cannot be followed any longer. Because of this situation, several development and infrastructure projects and programmes have been delayed. This led to rethinking and discussing the "indiscriminate all-round distribution of resources" in 2004, when a commission of the federal government voted for a concentration of structural development and the flow of subsidies.

Accompanied by the negative demographic development in many regions, the economic crisis has forced the competition for residents on the municipal level. The erroneous belief that zoning of new development areas on the outskirts of towns and cities might attract new investments, more inhabitants and consequently more taxes for the municipal budget, is still widely spread. However, different studies show clearly the often-negative financial consequences of this action.

3. POLITISCHE VERÄNDERUNGEN: In den letzten zwei Jahrzehnten hat Deutschland auch bedeutende politische Veränderungen erlebt. Am Ende des Kalten Krieges wurden die beiden Teile Deutschlands wiedervereinigt, was nahezu jeden Aspekt des öffentlichen Lebens sowie auch die Raumplanung beider Landesteile beeinflusste. Um eine Massenimmigration in die westlichen Landesteile zu vermeiden, unternahm die Bundesrepublik große Anstrengungen, die Lebensbedingungen in den neuen Bundesländern zu verbessern und wendete dafür zwischen 1990 und 2004 rund 1.5 Billionen Euro auf. Eine der dringendsten Aufgaben war dabei der Wiederaufbau der nahezu vollständig gekappten Infrastruktur zwischen beiden Landesteilen. Mit 17 Infrastrukturprojekten für Strasse, Schiene und Wasserstrasse – die unter dem Namen „Verkehrsprojekte Deutsche Einheit" zusammengefasst sind – wurden ungefähr 38 Mrd. Euro investiert, davon waren bis Jahresende 2003 fast 23 Mrd. Euro ausgegeben.[14]

Durch die Wiedervereinigung hat sich der Umfang regionaler Unterschiede wesentlich erweitert. Zum Beispiel existierten in Teilen von Mecklenburg-Vorpommern und im nördlichen Brandenburg immer noch ausgedehnte ländliche Bereiche mit schwacher Struktur und ernsthaften Entwicklungsproblemen, im Gegensatz zu sehr dicht besiedelten Städten wie Leipzig oder Dresden, die noch keinen Suburbanisierungsprozess erlebt haben.

3. POLITICAL CHANGES: In the last two decades, Germany has also witnessed major political changes with the end of the cold war, both parts of Germany were reunified in 1990, which nearly affected every aspect of the public life, as well as spatial planning in both parts of the country. To avoid a mass migration to the western states, the federation has made great endeavours, devoting about 1.5 trillion Euros between 1990 and 2004 to improve the living conditions in the new states to equal those of the western standards. One of the most urgent tasks was the reconstruction and development of the almost completely capped infrastructure between the two parts of Germany. In 17 infrastructure projects for rail, road and water networks - that were included in a program called Infrastructure projects 'German reunification' – an estimated amount of 38 billion Euros was invested, which were already about 23 billions Euros spent to year end 2003.[14]

After the reunification, the scope of regional differences has increased considerably, e.g. extensive rural areas with structural weaknesses and severe development problems still existed in the new states, as the case in large parts of inland Mecklenburg-West Pomerania and Northern Brandenburg. On the contrary, many densely populated cities like Leipzig or Dresden had not yet experienced suburbanisation in their surrounding areas.

Allerdings stellte das Fehlen eines adäquaten Planungssystems in den vormals zentral regierten neuen Bundesländern eine große Hürde für die Organisation und Förderung räumlicher Entwicklung nach der Wiedervereinigung dar. Um schnell handeln zu können, wurde entschieden, das westliche Planungsrecht für die Landes- und die Regionale Ebene zu übernehmen und sie mit zusätzlichen Instrumenten zu ergänzen, wie zum Beispiel flexiblere Formen der Genehmigung öffentlicher und privater Investitionen. Außerdem gab es Bestrebungen, regionale Kooperationen, interdisziplinäre Entwicklungsprogramme und eine detaillierte Analyse der räumlichen Struktur zu etablieren.

15 Jahre nach der Wiedervereinigung werden die Auswirkungen und Konsequenzen der beschriebenen Entscheidungen mehr und mehr offensichtlich: Die neuen Bundesländer leiden noch immer unter wirtschaftlichem und strukturellen Ungleichgewicht. Das größte Problem ist jedoch noch immer die Abwanderung in den Westen – jeder 17. Einwohner hat die neuen Bundesländer bereits verlassen. Zusammen mit dem negativen natürlichen Bevölkerungswachstum hat diese Entwicklung zu einer Mischung aus sinkender Finanzkraft und einer Konzentration von alten und arbeitslosen Einwohnern im früheren Osten geführt, die 2005 mit 20% etwa das Doppelte des nationalen Durchschnitts

However, the lack of an adequate planning system in the former centrally organised states has represented an obstacle for the organisation and delivery of spatial development after the reunification. It was decided to adopt the western legal structure for the state and regional level and to enhance it with additional maxims for the development of the new states. For example, it was decided to apply more flexible forms of procedures to speed up public and private investments. Attempts were also made to establish regional co-operations, interdisciplinary development programs and detailed analysis of spatial structure.

15 years after the German reunification, the impacts and consequences of the decisions that were made after the reunification are becoming more evident: The new states are still suffering from economic and structural imbalances. However, the most serious problem is the migration from the new states - nearly every 17th inhabitant has moved to the West. Together with the negative natural population growth, this development has created a mixture of decreasing financial power and a concentration of old or unemployed inhabitants: unemployment in the former East - as of 2005 - stands at 20%, about twice the national average. The consequences of the German reunification can also be seen in the western states of the Federal Republic, where the financial transfer and the extension of the social system to the eastern states has

betrug. Die Folgen der Wiedervereinigung sind aber auch in den westlichen Bundesländern zu beobachten, wo der Transfer von Finanzmitteln und die Ausweitung der sozialen Sicherungssysteme notwendige Investitionen sowohl in Wachstumsregionen als auch in strukturell schwachen Bereichen verhindert hat.

Die großen Wanderungsbewegungen in den Westen haben zusammen mit einem starken Suburbanisierungsprozess im Osten zu einem Schrumpfen der Städte geführt. Die vielen Investitionen in neue Einkaufszentren und andere Einrichtungen „auf der grünen Wiese" haben den Wettbewerb mit Versorgungseinrichtungen in der Stadt beschleunigt und zu unterbevölkerten Stadtzentren geführt. Zusätzlich dazu, haben der massive Zuwachs an Autobesitzern und die großen Investitionen in Strassen und Autobahnen eine weitere Zersiedelung abseits der bestehenden städtischen Agglomerationen und öffentlichen Verkehrsnetze noch gefördert.

blocked several needed investments both in growing expanding areas as in regions with structural weakness.

The strong migration to the West accompanied by an excessive suburbanisation process in the East, have resulted in shrinking cities. Many investments in new shopping centres and other functions on „green field sites" have accelerated the competence with retailers in city centres leading to many deserted city centres. In addition to these developments, the rapid increase of car ownership and the intensive investment in streets and highways have encouraged further urban sprawl and decentralisation apart from existing urban agglomerations and public transport infrastructures.

B| KONSEQUENZEN FÜR DIE RAUMPLANUNG: NEUE HERAUSFORDERUNGEN UND AUFGABEN

Angesichts der oben angesprochenen sich ändernden Rahmenbedingungen muss sich die Raumplanung in Deutschland mit gänzlich neuen Fragen beschäftigen, wie zum Beispiel:

- Wie plant man Entwicklungen in einem Land mit schrumpfender Bevölkerung und sinkender Finanzkraft?
- Wie steuert man die regionale Entwicklung, wenn ökonomisches und räumliches Wachstum nicht für jede Kommune garantiert werden kann?
- Wo setzt man Entwicklungsschwerpunkte, um strukturelle Impulse zu geben, und wo plant man den strategischen Rückzug?
- Wie geht man mit dem Bedarf für große Infrastrukturausbauten um, während der Bund die Unterhaltskosten für das bestehende Netzwerk nicht mehr aufbringen kann?
- Wie könnten (in Anbetracht der begrenzten öffentlichen Gelder) mehr städtische Entwicklungsprojekte, sowie technische und soziale Infrastrukturen von privaten Investoren finanziert werden - komplett oder in Form einer Public-Private-Partnership?

B| CONSEQUENCES FOR SPATIAL PLANNING: NEW CHALLENGES AND NEW TASKS

Facing the abovementioned changing circumstances, German spatial planning has to deal with completely new questions, e.g.:

- How to plan for development in a country with a shrinking population and a decreasing financial power?
- How to manage regional development when economic and spatial growth for every municipality cannot be guaranteed?
- Where to plan for creating focus points for generating structural impulses and where to plan a strategic withdrawal?
- How to deal with the demand for large-scale infrastructure extensions while the federation cannot afford the running costs for the existing networks?
- Facing the limited public funds, how more urban development projects as well as technical and social infrastructures could be financed completely by private investors or in the form of public-private-partnership?

Um mit diesen oder anderen Fragen umgehen zu können, steht die Raumplanung vor der Herausforderung, neue Methoden und Prozesse zu finden, die sie in die Lage versetzen, mehr problemorientiert zu arbeiten und nicht planorientiert, was noch heute oft der Fall ist. Die formale Raumplanung in Deutschland ist hauptsächlich darauf ausgerichtet, mittel- oder langfristige Ziele und bestimmte Entwicklungen durch das Setzen von Rahmenbedingungen zu erreichen, die weitgehend passiven Charakter besitzen. Diese Art der Planung ist für die Landes- und Regionalplanung hilfreich, z.B. zur Abgrenzung von Siedlungsflächen und die Vorhaltung von Grünzäsuren. Auch bietet es Kommunen und anderen Planungsbehörden die notwendige mittelfristige Planungssicherheit für Entwicklungsvorhaben. Allerdings sind formelle Planungsprozesse erwiesenermaßen politisch sensibel und haben eine begrenzte Tauglichkeit bei der Realisierung von Planungen, da sie meistens eher einen restriktiven anstatt einen konstruktiven Charakter besitzen. Die aus ihnen entstehenden Pläne haben einen „finalen" Charakter, der, auf einer Beschreibung der Ausgangslage basierend, normalerweise den Zustand einer gewünschten Entwicklung bis zu einem bestimmten Planungshorizont repräsentiert. Zusätzlich dazu haben sie eine Koordinationsfunktion für öffentliche und private Aktivitäten, die raumbedeutsam sind. Die Zeitspanne vieler Aktivitäten ist aber oft eine andere als die

To deal with these questions and other related issues, spatial planning is facing a challenge to search for new methods and processes, so that it becomes more problem-solving orientated instead of its current orientation to plan formulation. Formal spatial planning in Germany is mainly aimed at achieving goals or realising specific developments on the medium- or the long-term by setting frameworks that have, to a large extent, a passive character. This type of planning is helpful for the state or the regional planning, e.g. for the delimitation of settlement areas and for the preservation of green areas. It also offers the municipalities and other planning authorities the necessary medium-term certainty for development arrangements. However, formal planning processes are often proved to be politically sensitive and only have a limited realisation capability. They have mostly a restrictive character rather than a constructive one. The resulting plans have, usually, a „final" character. According to a description of the initial situation, they usually attempt to represent a desired development, up to a specific planning horizon. In addition, they have a coordination function among activities that have spatial impacts on public and private actors. The time span of such activities lies beyond the preparation time of such plans. It might take several years or sometimes decades for their discussion, exploration, developing solutions, assessment and making decisions. Meanwhile, such formal plans can only represent specific planning conditions at a specific time in the past. Hence, they cannot -or

für Erarbeitung und Gültigkeit eines solchen Planes. Es dauert oft einige Jahre, manchmal sogar Jahrzehnte, bevor ein solcher Plan nach Diskussion, Ausarbeitung von Lösungen, deren Beurteilung und Entscheidungen in Kraft treten kann. Zu diesem Zeitpunkt können sich aber die Rahmenbedingungen schon wieder entscheidend verändert haben. D.h. solche Pläne können nur bestimmte Konditionen für die Planung zu einem bestimmten Zeitpunkt in der Vergangenheit wiedergeben. Daher können sie auch nicht oder nur mit immensen Anstrengungen mit den Veränderungen und Entwicklungen in ihrem Planungsgebiet Schritt halten und erfüllen somit auch ihre Koordinationsfunktion nicht.

Um die Lücke zwischen der formellen Planung und den Bedürfnissen der Raumentwicklung auf örtlicher und überörtlicher Ebene auszufüllen, werden informelle Planungsprozesse entwickelt und eingesetzt. Informelle Planungsprozesse versuchen, bei einem bestimmten Planungsgegenstand, auf verschiedene Arten, wie zum Beispiel durch Runde Tische, Mediation, Ad-hoc Organisationen oder kooperative Planungsverfahren. Zustimmung und Kooperation der betroffenen Akteure zu erreichen. Diese Verfahren zeichnen sich durch ein hohes Maß an Flexibilität aus, was Anwendungsgebiete und Organisationsstrukturen angeht. Obwohl ihre Bindungswirkung formell als

only with immense effort- keep pace with the changes and evolutions in the planning area and cannot fulfil their coordination function.

To bridge the gap between formal planning and the needs of spatial development both on the local and super-local levels, informal planning processes are being developed and implemented. Such planning processes attempt to reach consent and cooperation among the concerned actors in a planning matter in different ways. For example, this consent can be reached by the means of round tables, mediation, ad-hoc organisation or cooperative planning processes. These procedures are characterized by a high level of flexibility regarding their application areas and organizational structure. Although their binding effect is formally seen as limited, their success would be remarkable if the involved actors reached common solutions and agreed on implementing these solutions in formal plans in the scope of responsibility of each individual participant.

begrenzt angesehen wird, ist ihr Erfolg dann bemerkenswert, wenn die beteiligten Akteure zu gemeinsamen Lösungen kommen und vereinbaren, diese Lösungen im Rahmen der Verantwortung jedes einzelnen Teilnehmers in die formellen Pläne zu implementieren.

Von einem anderen Standpunkt aus gesehen sind räumliche Probleme oder ihre Auswirkungen, im Gegensatz zu den formellen Plänen, nicht auf Verwaltungsgrenzen beschränkt. Ein problemlösungsorientierter Ansatz für solche Probleme erfordert die Kooperation verschiedener Akteure über deren Verwaltungs- und Organisationsgrenzen hinaus. Im Folgenden werden zwei Beispiele beschrieben, die einige dieser neuen Aufgaben und die Notwendigkeit für neue, dem Problemtyp angepasste Methoden illustrieren und folglich zur Lösung des Problems beitragen: Die innere Entwicklung von Städten und die integirerte Planung und Realisierung der großräumigen Infrastruktur- und Raumentwicklung.

From a different point of view, while formal plans are usually limited to administrative borders, spatial problems are not limited to these borders and their impacts usually extend beyond them. A problem-solving approach for such problems requires the cooperation of different actors beyond their administrative or organisational borders. Hereafter are two examples that illustrate some of these new tasks and the need for new methods that are suitable for the problem type and hence contribute to solving the problem, namely inner development of cities and the integrated planning and realization of large-scale infrastructure development with spatial development.

1| INNERE ENTWICKLUNG VON STÄDTEN UND REGIONEN: In der zweiten Hälfte des letzten Jahrhunderts haben die meisten Städte in Westdeutschland für einige Jahrzehnte ein rasantes Wachstum erlebt. Es wird geschätzt, dass dabei der Flächenverbrauch in dieser Periode mit dem aller vorhergehenden Generationen gleichzusetzen ist. Dieses Wachstum der Städte wurde durch das starke Wachstum des industriellen Sektors in den 50er und 60er Jahren und später dem des Dienstleistungssektors ausgelöst und führte zu weiterer Nachfrage an Wohnraum, Strassen und sonstigen Infrastrukturen. Darüber hinaus veränderte sich die Nachfragestruktur für Wohnen hin zum Einfamilienhaus im Grünen, was durch die öffentlichen Anreize zum Eigenhausbau unterstützt wurde. Dieses Wachstum, welches sich in Form der Zersiedelung und der Suburbanisation auf der grünen Wiese am Rande der Städte zeigte, führte wiederum zu einer steigenden Nachfrage an Mobilität und damit auch zu einem größeren Druck auf das Straßennetz. Um mit diesen Entwicklungen Schritt zu halten, wurden immense Investitionen in das Verkehrsnetz getätigt. Dieser Trend wiederholte sich nach der Wiedervereinigung 1990 noch intensiver auch im Osten Deutschlands, wenn auch nur in den ersten Jahren. Obwohl das Bevölkerungswachstum in vielen Regionen stagniert oder sich sogar umkehrt, hat mancherorts die Nachfrage für neue Wohngebiete noch nicht abgenommen,

1| INNER DEVELOPMENT OF CITIES AND REGIONS: Most West German cities and towns have witnessed a rapid urban growth for several decades in the second half of the twentieth century. It is estimated that the land consumption during that period is equivalent to that of all previous generations. This urban growth was initiated by the intensive industry sector growth in the 1950s and the 1960s, and later in the services sectors which consequently led to further urban growth to fulfil the demand on housing, infrastructure and roads. In addition, the demand pattern for housing has shifted to the single-family house on the green fields, encouraged by the public incentives for building one's own house. This growth in the form of urban sprawl and suburbanisation on green-fields on the outskirts of cities has led to more mobility and hence to more pressure on the road network. To keep pace with these developments, immense investments were devoted to transport networks. This trend extended to the East after the reunification in 1990 in a more intensive way. Although the population growth is stagnating or negative in many regions, the demand for more residential areas in some regions has not yet decreased because of the increasing living standards and the increase of small and single households that led to a continuous increase in average residential area per person. Meanwhile, there is an oversupply of residential areas and the needed infrastructure in other regions.

da die erhöhten Lebensstandards und die Zunahme an kleinen und Single-Haushalten zu einem kontinuierlichen Wachstum der durchschnittlichen Wohnfläche pro Person geführt hat. Demgegenüber besteht an vielen Orten ein Überangebot an Wohnfläche und dazugehöriger Infrastruktur.

Auf der anderen Seite hat fast jede Gemeinde versucht, Land auf der grünen Wiese für Entwicklungen zu erschließen, um dadurch neue Investoren anzulocken und damit auch neue Steuerzahler. Diese Situation hat durch die Schwächen gesetzlicher Regulierungen für interkommunale Koordination und Planung zu einem unkontrollierten Suburbanisierungsprozess geführt; eine Entwicklung, die viele Gemeinden und auch Bundesländer mit Kosten und Verbindlichkeiten belastet.

Während die Zersiedelung in verschiedenen Regionen Deutschlands in unterschiedlicher Intensität anhält, haben verschiedene Faktoren ein Überdenken der Strategie der Raumplanung eingeleitet, die lange Zeit hauptsächlich auf dem urbanen Wachstum basierte.

- Erstens sind viele Gemeinden nicht mehr in der Lage, ihre sich ausdehnende Infrastruktur im Hinblick auf die

From a different point of view, almost each municipality has attempted to designate land for development purposes on green-fields, aiming at attracting new investors and, in turn, taxpayers. This situation has led, through the weakness of the legal regulations for inter-municipal coordination and planning, to an uncoordinated suburbanisation process. These developments are straining many municipalities and states with costs and liabilities.

While urban sprawl is continuing in diverse scales in different regions in Germany, various factors have initiated a rethinking of the spatial planning strategy that was mainly based on urban growth for a long time.

- Firstly, many municipalities are not able anymore to finance their extending infrastructure under the current and the estimated future negative demographic development – fewer taxpayers have to finance the extensive infrastructure that is needed to serve the areas in the outskirts of the cities.
- Secondly, urban growth in some municipalities has reached already the administration border. These municipalities have to think about new ways for further spatial development without more land consumption.
- Thirdly, the renewal and modernisation of technical infrastruc-

bestehende und voraussichtlich auch zukünftig anhaltende negative Bevölkerungsentwicklung zu finanzieren—weniger Steuerzahler müssen die großflächigen Infrastrukturen finanzieren, die zur Erschließung der Gebiete an den Stadträndern benötigt werden.

- Zweitens hat das Siedlungsflächenwachstum in vielen Gemeinden schon die Verwaltungsgrenzen erreicht. Diese Gemeinden müssen über neue Wege einer Raumentwicklung ohne weiteres Wachstum in der Fläche nachdenken.
- Drittens haben Erneuerung und Modernisierung der technischen Infrastrukturnetze und Einrichtungen, wie Eisenbahnanlagen, Häfen, Kläranlagen, etc. innerhalb der Städte eine Chance für die Stadtentwicklung eröffnet, da neue Flächen freigesetzt werden.
- Viertens haben die ökonomischen, technischen und betrieblichen Veränderungen im industriellen und im Dienstleistungssektor, große, aufgegebene oder untergenutzte Flächen hinterlassen. Zusätzlich haben sich nach Ende des kalten Krieges große Teile der Alliierten Streitkräfte aus Deutschland zurückgezogen und viele der Kasernen in den Stadtgebieten freigegeben.

ture networks and facilities such as railway facilities, harbours, treatment plants, etc that occupy relatively large areas in the cities, have opened a chance for urban development in cities and towns.

- Fourthly, economic, technical and operational changes in industrial and service sectors have left large abandoned or underused sites. In addition, by the end of the cold war, large parts of the foreign forces had withdrawn completely from Germany and many of the national army bases moved out from the urban areas.

Die Entwicklung dieser Flächen könnte eine wichtige Rolle in der Entwicklung der Städte spielen und die urbane Struktur beeinflussen, in dem sie die Entwicklung auf die existierenden Siedlungsgebiete und hauptsächlich um Knoten des öffentlichen Verkehrs herum konzentriert. Dies würde nicht nur zu einer Reduzierung des Flächenverbrauchs führen, sondern auch zu einer Verbesserung der Lebensbedingungen in den umliegenden Gebieten. Wenn die Chancen innerer Entwicklung von Städten nicht ausgenutzt werden, wird die Zersiedelung einerseits die Kommunen weiterhin in einem erhöhten Masse finanziell belasten und andererseits eine unnachhaltige und damit die Zukunft gefährdende Entwicklung weiter fördern.

Um ein unkontrolliertes Siedlungsflächenwachstum zu vermeiden und eine nachhaltige innere Entwicklung der Städte zu erreichen, sind daher integrierte Strategien und innovative Planungsmethoden notwendig. Eine solche Strategie wird zur Vermeidung des Wettbewerbs zwischen Innen- und Außenentwicklungsprojekten (die oft günstigere Bedingungen haben) innerhalb einer Gemeinde oder zwischen Nachbargemeinden und- Regionen benötigt. Eine solche Strategie kann auch Entwicklungen minimieren, die die Chancen zum Vorantreiben der inneren Entwicklung verbauen oder spätere Entwicklungen aufgrund entstehender Beschränkungen verhindern könnten. Der Bedarf an

Development of these sites might play an important role and influence the urban structure by focusing on existing settlements and mainly being concentrated around public transport nodes. Such a strategy does not only imply a reduction of land-consumption, but also an improvement of the quality of life in the surrounding areas as well. If inner development of cities as a chance is not exploited at all, urban sprawl will continue increasing the financial burdens for the municipalities on one hand, and will threaten with an unsustainable development on the other. In addition, the quality of life in these cities will be affected by the existence of these abandoned sites.

Hence, in order to avoid this uncontrolled development and to achieve a sustainable inner development of cities, integrated strategies and innovative planning methods and processes are needed. An integrated strategy is needed to avoid competition between inner development projects and urban growth projects that might have convenient circumstances, either in the same municipality, in neighbouring municipalities or regions. Such an integrated strategy can also minimize developments that might lead to interrupting the opportunity for promoting inner development or might hinder further developments because of the ensuing restrictions. The need for innovative planning methods and processes is a result of the lack of

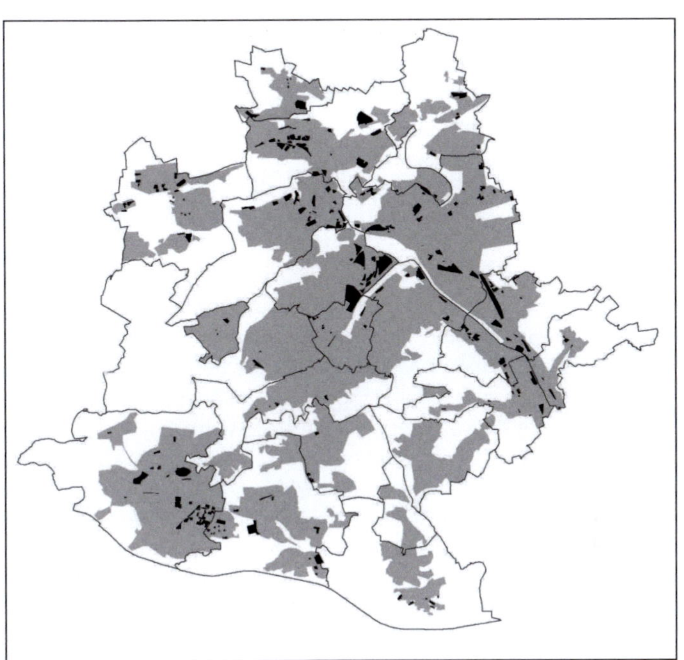

Innenentwicklungspotentiale in der Stadt Stuttgart[15]

Inner development potentials in the city of Stuttgart[15]

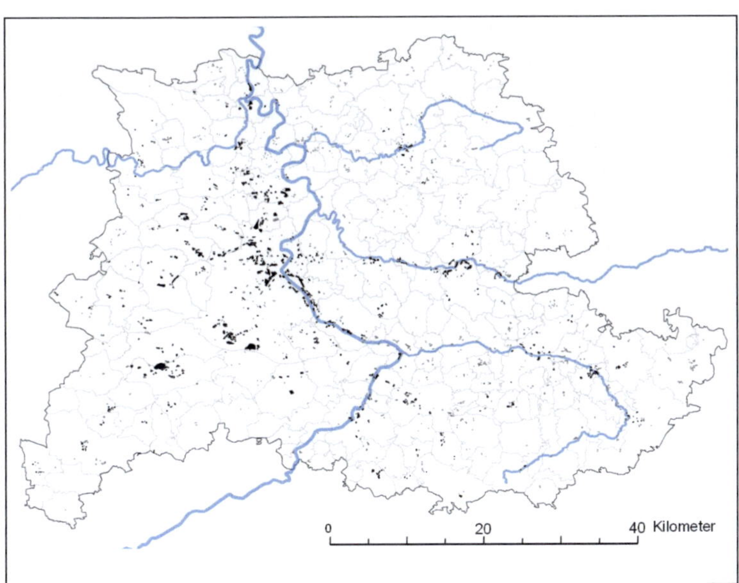

Innenentwicklungspotentiale in der Region Stuttgart[16]

Inner development potentials in the Stuttgart Region[16]

innovativen Planungsmethoden und Prozessen ist durch das Fehlen formeller Instrumente begründet, welche mit der Dynamik innerer Entwicklung von Städten Schritt halten können. Die Koordination über organisatorische und administrative Grenzen hinweg sowie die Einbeziehung der Interessen unterschiedlicher Akteure ist essentiell und kann durch eine stärkere Ausrichtung auf das Lösen von Problemen besser bewältigt werden als durch das Zeichnen von Plänen.

Grundvoraussetzung für die Unterstützung der Entwicklung innerer Reserven in Städten ist das Schaffen einer adäquaten Übersicht. Empirische Erfahrungen zeigen, dass Stadtverwaltungen keine genaue Kenntnis über Größe und Lage ihrer inneren Reserven haben und sie daher auch nicht in ihre Überlegungen mit einbeziehen können. Informationen über diese Potentiale sind meist bruchstückhaft und verändern sich schnell. Folglich ist es die schwierige Aufgabe, eine einmal gewonnene Übersicht auch zu wahren. Ein mögliches Instrument zur Realisierung und Kommunikation einer solchen Übersicht sind Informationsplattformen, in denen Innenentwicklungspotentiale von der Stadtverwaltung erfasst und verwaltet werden können. Teile dieser Informationen können dann auch Investoren zur Verfügung gestellt werden.

formal ones that can keep pace with the dynamics of inner city development, where coordination beyond organisational and administrative borders is essential where interests of different actors should be considered. This goal can be better achieved through a problem-solving orientation, rather than through formulating plans.

The basic requirement to facilitate the development of inner city potentials is to get an adequate overview of the existing potentials. Empirical experiences show that city administrations often do not know how much and where the inner city potentials are. Therefore, they mostly do not take them into consideration. Information about these potentials is mostly fragmented and changes rapidly. Hence, the harder task after getting the overview is keeping it up-to-date. A possible instrument to realize and communicate such an overview is information platforms, where inner city site potentials can be registered and administrated by the city administration. Part of this information could then be made available for investors.

Normalerweise ist es hilfreich, zusätzlich dazu die Bandbreite der Entwicklungsmöglichkeiten solcher Flächenpotentiale durch informelle Planungsprozesse, wie zum Beispiel Testplanungen, auszuloten. Auf diese Weise kann ein besseres Verständnis für die gegebene Situation erreicht, sowie mögliche Konflikte diskutiert und Investoreninteressen mit einbezogen werden. Wenn formelle Planungsprozesse – die zur Aufstellung von Bebauungsplänen führen – in einer frühen Phase durchgeführt werden, kann dies mögliche Entwicklungen blockieren, da diese Pläne den Spielraum einengen und nur mit großem Aufwand geändert werden können. Die oben erwähnte Informations-Plattform und der Testplanungsprozess wurden für die Stadt Stuttgart im Rahmen des Projekts „Nachhaltiges Bauflächenmanagement Stuttgart (NBS)" 2000–2002 angewendet.

Die Strategie der inneren Entwicklung von Siedlungsräumen erfordert eine interkommunale Kooperation und die Unterstützung der Regionalplanung, um die kommunalen Bemühungen voranzutreiben, die die innere Entwicklung und die Reduzierung von Neueinzonungen auf der grünen Wiese zum Ziel haben. Die Rolle der Regionalplanung ist dabei sehr bedeutend, da sie einen integrierteren Blick auf die jetzigen und zukünftigen Aufgaben über kommunale Grenzen hinaus werfen kann; dies gilt vor allem in Regionen, in denen die zentralen

For this type of development potentials, it is usually helpful, further, to explore the scope of development possibilities in informal planning processes such as test planning, so that better understanding of the situation could be achieved. In addition, in this way, conflicts could be discussed and inventors' interests could be considered. If formal planning processes - that lead to legally binding plans - are directly implemented at an early phase, the results might lead to blocking the development as such plans could only be changed with a large effort. The above mentioned information platform and the test planning process were implemented for the City of Stuttgart in the framework of the project "sustainable settlement land management" 2000–2002.

This strategy on the municipal level requires inter-municipal coordination and support from regional planning to coordinate municipal efforts in promoting inner development and reducing urban growth on green-fields. This role of regional planning is essential, especially in regions where central sub-regions have reached the maximum of urban growth to allow a more integrated view for present and future tasks beyond the municipal borders. Hence, regional planning as an intermediate tier between states and municipalities can play an important role in substantiating the general goals of the state planning according to the conditions of the sub-region and to avoid the usual practice of quantitative equal distribu-

Teile die Grenzen urbanen Wachstums schon erreicht haben. Daher kommt Regionalplanung als Zwischenstufe zwischen den Bundesländern und den Kommunen eine wichtige Rolle zu, wenn es darum geht, die allgemeinen Ziele der Landesplanung gemäss der Gegebenheiten der Teilregionen zu konkretisieren und somit das übliche Verfahren der Gleichverteilung zu vermeiden. Der Versuch, die innere Entwicklung auf kommunaler Ebene zu untersuchen, wurde in der Region Stuttgart im Rahmen des Projektes „Nachhaltiges regionales Siedlungsflächenmanagement" 2003–2005 unternommen.

Neben dem geschilderten Beispiel sind mittlerweile in den unterschiedlichen Verwaltungsebenen viele Formen freiwilliger Kooperationen auf überörtlicher Ebene zu finden, die formelle und informelle Instrumente zur Raumplanung nutzen. Die folgenden sind nur einige Beispiele:

- Lockere Kooperation zwischen einigen Kommunen, die sich mit Fragen der Flächennutzung beschäftigen.
- Regionale Verbände, die sich über Landesgrenzen hinweg erstrecken und durch Staatsverträge konstituiert sind, wie zum Beispiel Raumordnungsverband Rhein-Neckar, der sich aus drei Regionen, aus Baden-Württemberg, Hessen und Rheinland-Pfalz gebildet hat.

tion. The attempt to examine inner development on the regional level was conducted in the Stuttgart region in the project "Sustainable regional land management" 2003–2005.

In addition, a wide spectrum of voluntary forms of cooperation on a super-local level which uses formal and informal instruments for spatial planning can be found on different scales and forms of administration. The following are some examples:

- Loose cooperation among several municipalities dealing with zoning questions.
- Regional authorities overlapping state borders and constituted by agreements such as the "Spatial Development Association Rhine-Neckar" which consists of three regions: Baden-Wurttemberg; Hesse and Rhineland-Palatinate.

- Der Verband Region Stuttgart hat spezielle Kompetenzen für die Organisation und den Betrieb des öffentlichen Verkehrs in der Region.
- In der Region Frankfurt erstellt der „Planungsverband Ballungsraum Frankfurt/Rhein Main" einen regionalen Flächennutzungsplan, der die kommunalen ersetzen soll.
- In der Region Hannover werden die Zuständigkeiten von Kommunen, Kreisen und Region neu geordnet und gebündelt.

057

Approaches for enhancing regional planning

- Stuttgart Regional Association has special competences to organize public transport on the regional level.
  In Frankfurt/Main Region, the "Planning Association Agglomeration Frankfurt (am Main)" prepares a land-use plan on the regional level that substitutes the municipal ones.
- In Hannover region, the responsibilities and authorities of the region, the counties and the municipalities are newly unbundled and redistributed.

2|INTEGRATION VON INFRASTRUKTUR- UND RAUMENT-WICKLUNG: Die Entwicklung der technischen Infrastruktur spielt für die Raumentwicklung eine bedeutende Rolle. Auf der einen Seite fördert sie die Raumentwicklung, in dem sie die Lebensqualität in den Siedlungsgebieten verbessert. Auf der anderen Seite gestaltet und prägt sie die räumliche Struktur der Siedlungsgebiete für Jahrzehnte, wenn nicht Jahrhunderte. Trotzdem ist interdisziplinäre Integration von Infrastrukturentwicklung und Raumplanung bisher nur sehr schwach ausgeprägt. Das Fehlen einer integrierten Sichtweise kommt durch die Tatsache zustande, dass sich Wechselbeziehungen und Konflikte von Infrastrukturprojekten auf unterschiedlichen Planungsebenen äußern und sich daher komplizierte Fragestellungen mit vielen verschiedenen Akteuren bilden. Zudem lassen sich Wirkungen von Infrastrukturen auf den Raum kaum qualifiziert quantifizieren.

Durch die anhaltende Integration der Europäischen Union kommt eine zusätzliche Planungsebene hinzu. Mit dem Ziel, die Etablierung des EU-Binnenmarktes zu beschleunigen, aber auch um periphere Regionen an Europa anzubinden und Nachbarstaaten zu verbinden, fördert die EU den Bau transnationaler Infrastrukturen und tritt daher mehr und mehr als ein weiterer Akteur auf.

2|INTEGRATION OF INFRASTRUCTURE DEVELOPMENT WITH SPATIAL DEVELOPMENT: Development of technical infrastructure plays an important role in spatial development. On one hand, it promotes spatial development by increasing the quality of life in human settlements. On the other hand, infrastructure shapes the spatial structure of these settlements for decades to come, if not for centuries. Nonetheless, the interdisciplinary integration of infrastructure development and spatial planning is still weak. The lack of an integrated view results from the fact that interactions and conflicts of infrastructure projects arise among different levels of planning and therefore create complicated issues among different actors. Nevertheless, it is barely possible to quantify the spatial impacts of such infrastructures.

Through the ongoing integration of the European Union, an additional planning level is added. To accelerate the establishment of the European single market, to link the peripheries to the main centres areas and to open up the neighbouring countries, the European Union promotes the construction of trans-national infrastructures and plays therefore more and more an important role as an additional actor.

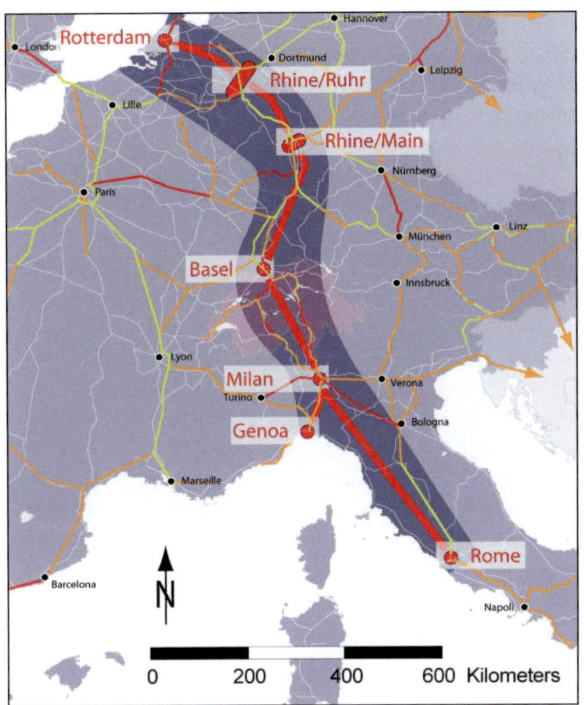

Nord-Süd Tranversale in Europa[17]

The north-south railway corridor in Europe[17]

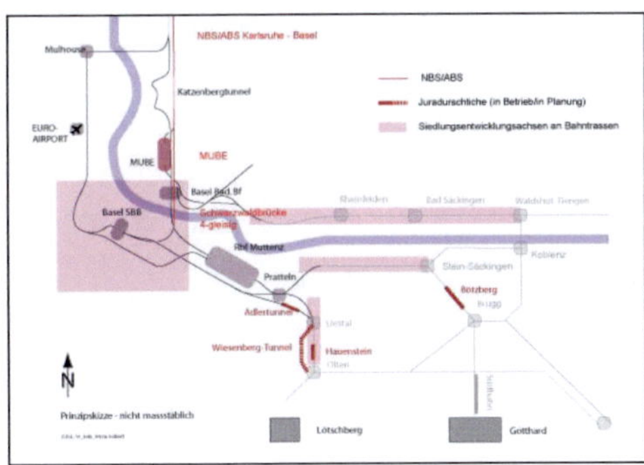

Übersicht Region Basel[18]

Overview Region Basel[18]

Entlang dieser transeuropäischen Infrastrukturkorridore müssen europäische, nationale, regionale und lokale Interessen koordiniert werden, was oft zu komplexen Planungsaufgaben mit einer großen Anzahl an betroffenen Akteuren führt, die sich über organisatorische und nationale Grenzen erstrecken und mit unterschiedlichen Planungssystemen auseinandersetzen müssen. Oftmals kollidiert dabei der Bedarf an nationalen und internationalen Hochleistungsstrassen für den Fernverkehr mit den räumlichen Zielen auf lokaler Ebene. Um eine zentrale Übersicht über diese Themen zu gewinnen und integrierte Konzepte auszuarbeiten, sind auch hier informelle und problemlösungsorientierte Planungsmethoden ein wertvolles Mittel, um die verschiedenen Grenzen zu überwinden.

Ein Beispiel dafür ist der geplante Güterverkehrsbypass in der trinationalen Region Basel, im Nordwesten von der Schweiz an der Grenze zu Frankreich und Deutschland. Der Bypass ist Teil des Ausbaus einer der wichtigsten europäischen Verkehrskorridore von Rotterdam nach Norditalien. Aufgrund bestehender Flaschenhälse, der Inbetriebnahme der zwei neuen Basistunnel in der Schweiz bis 2015 und dem Ausbau der Rheintalbahn, wird möglicherweise die Erhöhung der Kapazität in diesem Raum innerhalb des nächsten Jahrzehnts notwendig werden.

Along these trans-European infrastructure-corridors, European, national, regional and local interests and requirements have to be coordinated which leads often to complex planning tasks with a high number of concerned actors and beyond organisational borders, national borders and planning systems. Often the national and international needs for high-capacity long-distance transportation conflict thoroughly with spatial aims on the local level. To gain the central overviews and to work out integrated concepts, informal and problem-solving oriented planning methods are a valuable opportunity to bridge the borders.

An example is the planned freight train bypass in the tri-national region of Basel, a region located on the northwestern edge of Switzerland at the borders with France and Germany. The bypass is part of the capacity extension of one of the most important European transport corridors from Rotterdam to northern Italy. Due to existing bottlenecks and the proposed start-up of the two new trans-Alp tunnels in Switzerland until 2015 and the extension of the Upper-Rhine railway line, some sort of capacity extension will be needed within the next decade.

Ein Konzept der drei nationalen Bahnunternehmen sah vor, die Güterzüge aus Frankreich und Deutschland im Oberrheintal zu bündeln und den kritischen Verkehrsknoten Basel über das deutsche Hochrhein-Tal zu umfahren. Für die angrenzenden Regionen, in denen der Tourismus eine grosse Rolle spielt, würde dies zu einem Barriereeffekt und starker Lärmbelastung führen, ohne positive Effekte zu generieren. Dieser Umstand führte zu einer scharfen Reaktion der Raumschaften gegen dieses Projekt und gefährdete sogar das laufende Planfeststellungsverfahren der Hauptlinie am Oberrhein. Als Reaktion auf diesen Konflikt lancierten die betroffenen Regionalplanungsverbände in Deutschland, Frankreich und der Schweiz ein Testplanungsverfahren, um die Bandbreite möglicher Lösungen zu evaluieren und um damit in der Lage zu sein, eine aktive Rolle in dem bevorstehenden Planungsprozess spielen zu können.

Dieses Beispiel zeigt eine Möglichkeit auf, wie regionale Planungsbehörden einen Planungsprozess beeinflussen können, um die regionalen und lokalen Bedürfnisse gegenüber Akteuren großräumiger Infrastrukturen zu vertreten. Anstatt auf die vorgeschlagenen Projekte zu reagieren (oft die einzige Möglichkeit, die regionale Planungsbehörden in formellen Planungsprozessen haben), können sie durch konstruktive Vorschläge, die örtliche und überörtliche Anforderungen an die

A concept of the three national railway companies, designed to bundle freight trains from France and Germany on the Upper-Rhine valley and bypass the critical traffic node Basel via the German High-Rhine valley. For the adjacent regions, where tourism plays an important role in the economy, the primary impacts of this bypass would be the barrier-effect and heavily increasing noise emission. Meanwhile, they could not see any positive effects. This situation has caused critical reaction to the project and put even the current plan approval procedures for the main line at risk. As a reaction to this conflict, the concerned regional planning authorities of Germany, France and Switzerland launched a test planning to evaluate the spectrum of possible solutions in order to be able to play an active role in the upcoming planning process.

The example shows a possibility of how regional planning authorities can influence a planning process in order to represent regional and local objectives towards actors of large-scale infrastructures. Instead of reacting on the proposed projects (more often the role regional planning authorities have to play in the formal planning procedures), they can enter the planning process by showing constructive suggestions that take into consideration local and super-local requirements of the planned infrastructure. Using informal planning processes may help to find robust and sustainable solutions which are based on a consensus among most of the actors while the required formal processes can be shortened.

Infrastruktur aufzeigen, frühzeitig in den Planungsprozess eintreten. Das Nutzen informeller Planungsprozesse könnte helfen, robuste und nachhaltige Lösungen zu finden, die auf einem Konsens der meisten Akteure basieren, auch die notwendigen formellen Prozesse beschleunigen würde.

LITERATUR

Albers, Gerd: Planning in Germany, ISoCaRP 35th International
Planning congress: The Future of Industrial Regions- Regional
Strategies and local action towards sustainability, 1999

Elgendy, Hany; Seidemann, Dirk; Wilske, Sebastian: New
challenges for city and regional planning: inner development of
cities and regions for promoting sustainable development. In:
ISoCaRP 40th International Planning Congress: „Management of
Urban Regions", 2004

Bundesamt für Bauwesen und Raumordnung (BBR) (Ed.):
Spatial Development and Spatial Planning in Germany, 2001

Bundesamt für Bauwesen und Raumordnung (BBR) (Ed.):Planen,
Bauen, Erneuern - Informationen zum Städtebaurecht,1999

Turowski, Gerd (Ed.): Spatial Planning In Germany -
Structures and Concepts, ARL - Akademie für Raumforschung
und Landesplanung, 2002

LITERATURE

Albers, Gerd: Planning in Germany, ISoCaRP 35th International
Planning congress: The Future of Industrial Regions- Regional Strategies
and local action towards sustainability, 1999

Elgendy, Hany; Seidemann, Dirk; Wilske, Sebastian: New challenges
for city and regional planning: inner development of cities and regions
for promoting sustainable development. In: ISoCaRP 40th International
Planning Congress: „Management of Urban Regions", 2004

Federal Office for Building and Regional Planning (Ed.):
Spatial Development and Spatial Planning in Germany, 2001

Federal Office for Building and Regional Planning (Ed.):
Planen, Bauen, Erneuern - Informationen zum Städtebaurecht, 1999

Turowski, Gerd (Ed.): Spatial Planning In Germany -
Structures and Concepts, ARL - Akademie für Raumforschung
und Landesplanung, 2002

INTERNET

www.bbr.bund.de
Bundesamt für Bauwesen und Raumordnung

www.destatis.de
Bundesamt für Statistik

www.isl.uni-karlsruhe.de
Institut für Städtebau und Landesplanung, Universität Karlsruhe

www.region-stuttgart.org
Verbandregion Stuttgart

www.stuttgart.de
Stadt Stuttgart

INTERNET

www.bbr.bund.de
Federal Office for Building and Regional Planning

www.destatis.de
Federal Statistical Office Germany

www.isl.uni-karlsruhe.de
Institute of Urban and Regional Planning, University of Karlsruhe

www.region-stuttgart.org
Administration of the Stuttgart Region

www.stuttgart.de
Stuttgart city

QUELLENANGABEN

1 Basierend auf einer Karte von www.deutschland.de
2 Karte des BBR (Bundesamt für Bauwesen und Raumordnung)
   www.brr.bund.de
3 www.geogate.geographie.uni-marburg.de/vgt/english/brd/
   module/m1/U6.htm
4 Basierend auf Informationen von www.deutsbschland.de
5 Graphik des Instituts für Städtebau und Landesplanung,
   Universität Karlsruhe.
6 BfLR, Bundesforschungsanstalt für Landeskunde und Raumordnung
7 Bundesministerium für Verkehr, Bau und Stadtentwicklung
8 ISL der Universität Karlsruhe
9 Verband Region Stuttgart
10 ISL der Universität Karlsruhe
11 ISL der Universität Karlsruhe
12 Verändert verwendet nach G. Albers and E. Dittmann,1992
   in der 4. Ausgabe von „International Manual of City and
   Regional Planning", ISoCaR
13 www.tatsachen-ueber-deutschland.de
14 Bundesministerium für Verkehr, Bau- und Stadtentwicklung
   www.bmvbs.de

REFERENCES

1 Based on a map from www.deutschland.de.
2 Map from BBR (Federal Office for Building and
   Regional Planning) www.brr.bund.de. Translated by the authors
3 www.geogate.geographie.uni-marburg.de/vgt/english/brd/
   module/m1/U6.htm
4 Based on information from www.deutschland.de
5 Original graphic in German is prepared in Institute of Urban and
   Regional Planning, University of Karlsruhe.
6 BfLR, Federal Office for Building and Regional Planning
7 Federal Ministry of Transport, Building and Housing
8 ISL of Karlsruhe University
9 Association of the Stuttgart Region
10 ISL of Karlsruhe University
11 ISL of Karlsruhe University
12 Modified after G. Albers and E. Dittmann,
   1992 in Volume IV of this manual
13 www.tatsachen-ueber-deutschland.de
14 Federal Ministry of Transport, Building and Urban Affairs
   www.bmvbs.de

15 „Nachhaltiges Bauflächenmanagement Stuttgart, NBS",
   Dokumentation des Forschungsprojekts, 2002,
   www.isl-projekte.uni-karlsruhe.de/nbs
16 „Nachhaltiges regionales Siedlungsflächenmanagement in der
   Region Stuttgart, MORO-RESIM" Forschungsprojekt 2003–2005
   www.isl-projekte.uni-karlsruhe.de/moro
17 www.isl-projekte.uni-karlsruhe.de/rue/info/
18 Graphik des Instituts für Städtebau und Landesplanung,
   Universität Karlsruhe

15 „Nachhaltiges Bauflächenmanagement Stuttgart, NBS",
16 Documentation of research project, 2002.
   http://www.isl-projekte.uni-karlsruhe.de/nbs16
   „Nachhaltiges regionales Siedlungsflächenmanagement in der
   Region Stuttgart, MORO-RESIM" research project 2003–2005
   http://www.isl-projekte.uni-karlsruhe.de/moro
17 http://www.isl-projekte.uni-karlsruhe.de/rue/info/
18 Original graphic is prepared in Institute of Urban and
   Regional Planning, University of Karlsruhe

GLOSSAR	**GLOSSARY**
Abstimmungsprozeß, planerischer	process of coordination of planning
Abwägung	weighting, consideration
Allgemeinwohl	general public interest
Amt	administrative office
Amtsgericht	local court
Änderung	amendment
Anspruch	claim
Antrag	request, application
Anwendungsbereich	scope of application
Art der baulichen Nutzung, allgemeine	general land-use type
Art der baulichen Nutzung, besondere	specific land-use types
Art der Nutzung	type of use
Art und Maß der baulichen Nutzung	type and degree of building and land use, type and extent of use for building
Aufgaben der Raumordnung und Landesplanung	responsibilities of spatial planning
Auflage	constraint
Aufstellung	establishment
Ausgleichs- oder Entschädigungsleistung	financial settlement and compensatory payment
Ausgleichsleistung	adjustment payment
Auslegung	public display
Auslegungsfrist	display period
Ausnahme	exceptional case
Ausschlußprinzip	exclusion principle
Ausschuß	committee
Außenbereich	undeveloped outskirt area,
Außenentwicklung	urban growth
Außenentwicklung, noch nicht realisierte	undeveloped urban growth area
Ausweisung	designation
Ballungsraum	agglomeration
Bauantrag	building application
Bauart	construction type, building technique
Bauaufsichtsbehörde	building control authority, control authority
Bauaufsichtsrecht	planning control law
Bauausführung	building construction
Baudenkmal	building of historic importance
Baufläche im F-Plan	general land-use area
Baufläche	building area, building land
Baugebot	building order
Baugenehmigung	building permission
Baugenehmigungsbehörde	building permit authority
Baugenehmigungsverfahren	proceeding on the granting of permission
Baugesuch	planning application, building application
Baugrenze	required set-back line
Baugrundstück	building plot

Bauleitplanung	urban land-use planning
Baulückenschließung	in-fill development
Baumasse	relativ cubic capacity, cubic capacity (permitted for the physical structure)
Baunutzungsverordnung	Federal Land Utilisation Ordinance
Bauordnungsrecht	federal state building order
Bauunternehmer	building contractor
Bauvorhaben	building project, proposed development
Bauvorhaben, genehmigungsbedürftiges	on the land building development building development requiring building permission
Bauvorlage	required documentation
Bauweise	coverage type, type of building coverage
Bauweise, geschlossene	closed coverage type
Bauweise, offene	open coverage type
Bebauung	developement
Bebauung, unzulässige	inadmissible development
Bebauungsplan	land-use plan, legally-binding land-use plan
Bebauungsplan, einfacher	non-qualified binding land-use plan
Bebauungsplan, Geltungsbereich eines	area designated by a binding land-use plan
Bebauungsplan, rechtskräftiger	legally binding land-use plan
Bebaungstiefe	coverage depth
Befürwortung	endorsement
Behörde	authority
Begründung	statement of grounds, explanatory statement
Behörde, zuständige	responsible authority
Bekanntgabe	issuing of, announcement
Bekanntmachung	public notice
Belang, Ausgleich der verschiedenen	equitable balance between varying concerns
Belang, öffentlicher	public interest
Belastung des Grundstücks mit einem Recht	encumbering the plot with a right
Belastung, öffentliche	public easement
Bestandsaufnahme	surveys of existing conditions
Bestandskarte	as-built map
Beteiligte	participants, involved parties, concerned parties
Beteiligung	involvement, participation
Betroffener	aggrieved party
Betroffener, Mitwirkung der	involvement by parties affected
Bewohner	resident
Bezugsfeld, räumliches	spatial interdependency
Bezugspunkt, erforderlicher	relevant point of reference
Bilanzierung	monitoring
Bild der Kulturlandschaft	appearance of the cultural landscape
Bindung	obligation
Bindungswirkung	binding force
Bodennutzung, haushälterische	sustainable land-use

Bodenordnung	reorganisation of land holdings, land reallocation
Bodenordnung, Verfahren zur	proceeding for the reorganisation of land holdings
Bodenwert	land value
Brandschutz	fire-protection
Bund	federal government/Federation
Bundesbaugesetz	Federal Building Act, Federal Town Planning Law
Bundesgebiet	Federal territory
Bundesgerichtshof	Federal High Court of Justice
Bundesland	federal state
Bundesrat	Federal Council
Bundesrepublik Deutschland	Federal Republic of Germany
Bürger, Beteiligung der	public participation
Denkmalschutz	perservation of sites of historic interest, preserve buildings of historical importance
Dienstleistungsversorgung	supply of services
Disparität, großräumige	inter-regional disparity
Dorfgebiet	village area
durchschnittliche Wohnfläche pro Person	average residential area per person
ehrenamtlich	working in voluntary basis
Eigentum	ownership, property
Einvernehmen, gegenseitiges	mutal agreement
Einwohnerdichte	population density
Enteignung	expropriation
Entschädigung	compensation
Entwicklung, nachhaltige	sustainable development
Entwicklung, räumliche	spatial development
Entwicklungsdynamik	development dynamic
Erläuterungsbericht	explanatory report
Ermächtigung	delegated power
Erreichbarkeit	accessibility
Erschließung	local public infrastructure
Erweiterung der EU	enlargement of the EU
Europäische Raumordnungspolitik	European spatial development policy
Europäisches Raumentwicklungskonzept (EUREK)	European Spatial Development Perspective (E.S.D.P.)
Fachplanung	sectoral planning, departmental planning
Fläche, besondere	specific space
flächendeckend	spatially inclusive and comprehensive
Flächenmanagement	land management
Flächennutzungsplan	preparatory land-use plan
Flächenverbrauch	land-consumption
Förderprogramm	aid programm
Frist	appropriate time-limit, period
Frist, angemessene	suitable period of time, appropriate period,

	reasonable period
Gebiet, ländliches	rural area
Gebot	order
Gebot, städtebauliche	urban development enforcement orders
Gegenstromprinzip	principle of countervailing influence
Gemeinbedarf	public good
Gemeinde	municipality, community
Genehmigung	permission, approval
Geschoßfläche	floor-space
Geschoßflächenzahl	floor-space index, floor-area ratio (FAR)
Gewerbegebiet	commercial area
Gießkannenprinzip	"watering pot" principle
Grundbuch	land register
Grundfläche	building area
Grundflächenzahl	site occupancy index, built-up area ratio
Grundgesetz	German Basic Law, German Constitution
Grundsatz der Subsidiarität	principle of subsidiarity
Grundstück	property, plot, site
Grundstücksfläche	plot area
Grünfläche, öffentliche	public green space
Hochwasserschutz	flood control
Industriegebiet	industrial area
Innenentwicklung	inner development
Kerngebiet	core area
Lage	proximity, location
Lagebeurteilung	assessment of situation
Landesbehörde	federal state authority, authority at federal state level
Landesgesetz	federal state law
Landesplanung	federal state law for comprehensive regional planning, federal state planning
Landesrecht	federal state law
Landesregierung	federal state government
Landkreis	county
Landschaftsplan	landscape plan
Lebensbedingung, gleichwertige	equivalent living conditions
Leitbild, raumordnerisches	general principle for spatial plannig
Maß der baulichen Nutzung	degree of land use for building purposes, level of built development, degree of building coverage
Ministerkonferenz für Raumordnung (MKRO)	Conference of Ministers for Spatial Planning (MKRO)
Mischgebiet	mixed use area
Mitteilung, amtliche	official note
Mitteilungspflicht	obligation to notify

Mittelmeerraum	mediterranean area
Modernisierungsgebot	modernisation order
Musterbauordnung	Model Building Regulation
Naturhaushalt	ecological balance of the area
Naturschutz	nature protection
Nutzungart	type of land use
Oberste Landesbehörde	Supreme State Authority
Ordnung, räumliche	spatial order
Parallelverfahren	parallel procedure
Planfeststellungsverfahren	plan approval procedure
Planung, überörtliche	supra-local planning
Planungen und Maßnahmen, raumbedeutsame	plans and measures that have spatial impacts
Planungshoheit der Kommunen	municipal planning autonomy
Planungsträger	planning agency
Planungsverband	planning association
Projekt, grenzüberschreitendes	cross-border project
Rahmenplanung	framework development planning
Raum- und Siedlungsentwicklung, nachhaltige	sustainable spatial and settlement development
Raumentwicklung	spatial development
Raumentwicklungsplanung	spatial development planning
Raumentwicklungspolitik	spatial development policy
Raumordnung und Landesplanung	comprehensive regional planning at federal or federal state level
Raumordnung	spatial planning, regional planning, comprehensive regional planning
Raumordnung, Beirat für	Advisory Council for Regional Planning
Raumordnungsminister	Minister with responsibility for Spatial Planning
Raumordnungspolitik	spatial/regional planning policy
Raumplanung	spatial planning
Rechtszustand	legal situation
Regierungsbezirk	administrative district
Regionalpolitik	regional policy
Sanierungsgebiet	redevelopment area
Siedlungsentwicklung	settlement development
Siedlungsflächenmanagement	settlement area management
Siedlungsstruktur	settlement pattern, settelement structure
städtebauliche Verhältnisse	urban-planning context
Städtebaulicher Vertrag	urban development contract
Stadtrand	outskirt of city
Stadtregion	city region
Stellungnahme	representation
Subsidiaritätsprinzip	subsdiary concept
Suburbanisierung	suburbanisation
Testplanung	test plannning
Träger öffentlicher Belange	public agency

Transeuropäische Netze	Trans-European Networks
Übersicht	overview
Umgebung	surrounding
Umlegung	reallocation (of property rights)
Umweltbelang	enviromental concern
Umweltschutz	enviromental protection
Veränderungssperre	development freeze
Verbindlichkeit	Binding Force, degree of complusion
Verdichtungsraum	urban agglomaration
Verfahren	procedure
Verfahren, bauaufsichtliches	building control procedure
Verkehrsinfrastruktur	transport infrastructure
Verkehrsnetz	transport system
Verkehrswert	market value
Verordnung	ordinance, legal ordinance
Verpflichtung	obligation
Versorgung, öffentliche	public utility installation/infrastructure
Verwaltungsbehörde	administrative authority
Verwendungszweck	designated use
Vorbescheid	preliminary notice
Vorhaben, raumbedeutsames	space-consuming development
Vorhaben, Zulässigkeit eines	permissibility of development proposal
Vorkaufsrecht	pre-emption right
Vorschrift	regulation
Vorschrift, baurechtliche	building regulation, provision under buildung law
Vorschrift, gesetzliche	statutory provision
Widerspruch	objection
Wiedervereinigung	reunification
Wohl der Allgemeinheit	general good, public good, general weal
Wohnbaufläche	general residential building area
Wohnbaugrundstück	residential plot
Wohngebäude	housing development, residential building
Wohngebiet, allgemeines	general residential area
Wohngebiet, besonderes	special residential area
Wohngebiet, reines	residential-only area
Wohnnutzung	residential use
Wohnsiedlung	residential settlement
Wohnung	dwelling, flat
Zielabweichungsverfahren	proceedings to obtain permission to
Zulässigkeit	permissibility, legal requirement
Zulassung, allgemeine bauaufsichtliche	general technical approval
Zusammenarbeit, grenzüberschreitende	trans-border/cross-border cooperation
Zuständigkeit	responsibility
Zustimmung, baurechtliche	approval under building law